생각과 행동 사이

Tonikaku Suguyaru Hitono Shigotono Shukan by Keiichi Toyoda

Copyright ⓒ 2010 by Cross Media Publishing Co., Ltd.
All Rights Reserved.
Original Japanese edition published in 2010 by Cross Media Publishing Co., Ltd.
Korean translation rights arranged with Cross Media Publishing Co., Ltd.
through Kansai Agency Inc.
Korean translation rights ⓒ 2012 by KEORUM Publishing Co.

이 책의 한국어판 저작권은 간사이 에이전시를 통한 저작권자와의 독점 계약으로
기획출판 거름에 있습니다.
저작권법에 의해 한국 내에서 보호를 받는 저작물이므로 무단전재와 무단복제를 금합니다.

생각과 행동 사이

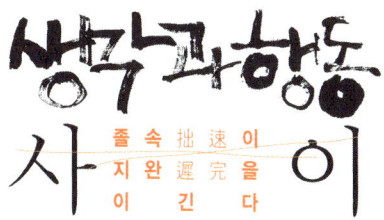

졸속拙速이
지완遲完을
이긴다

도요다 게이치 지음
고경문 옮김

| 머리말 |

졸속拙速이 지완遲完을 이긴다

생각과 행동 사이는 참으로 멀게 느껴집니다. 머리로는 무엇인가를 계획하고 결심하여 실행하겠다고 생각하지만 몸으로는 실천하기가 쉽지 않다는 것을 경험합니다. 생각은 만 가지나 행동은 하나라는 말이 있듯이 우리는 너무 많은 생각 속에서 살고 있습니다. 사실 현대 사회는 개인의 삶이건 비즈니스건 너무 복잡하고 산만하여 도저히 집중하고 살아갈 수가 없습니다. 인터넷과 디지털 문화가 지배하게 되면서 더욱 피곤하고 힘들어진 것이 아닌가 생각합니다. 많은 것이 머리로 들어오고 주변이 어수선하다보니 스트레스도 많아지고 생각도 많아지게 되었습니다. 머리가 복잡하고 생각이 많아지다 보니 행동력은 당연히 떨어졌습니다. 생각과 행동 사이의 거리가 매우 멀어진 것이지요. 몸으로 행한 것이 자신의 삶인데 이렇게 생각과 행동 사이가 멀어지면 삶의 내용이 부실해지는 것은 당연합니다. 이렇게 되어서는 자신의 삶을 산다고 할 수 없고 일도 제대로 할 수 없습니다.

저는 이 문제를 해결하는 데서 가장 좋은 것은 생각 즉시 행동하는 것이라고 봅니다.

저의 경험이 그렇고 많은 사람들이 얘기하는 것입니다. 생각 즉시 행동하는 것은 지금 하는 것입니다. 닥친 즉시 하는 것입니다. 먼저 몸을 움직이고 생각은 나중에 하는 것입니다.

그래서 저는 생각과 행동 사이에 '즉시 실행하는 습관'이 있을 때 행동력이 가장 높아지고 생각과 행동 사이의 거리가 가장 짧아진다고 말하게 되었습니다.

생각과 행동 사이의 거리를 좁히면 좁힐수록 인생이 바뀝니다. 이런 사실을 믿을 수 있겠습니까? 이렇게 하는데 특별한 기술이나 남다른 능력이 필요하지 않습니다. 몇 가지 간단하고 작은 실천 습관만으로 해결할 수 있다면 한 번 해볼 만하지 않을까요?

어떤 일이든 '실행할 것인가, 하지 않을 것인가'가 가장 중요합니다. '한다'고 생각하면, 같은 '한다'지만 '나중에 한다'가 아니고 '지금 한다'여야 합니다. 중국 고대 병법서인 『손자孫子』에도 "졸속拙速이 지완遲完을 이긴다"고 했습니다. '준비가 완벽히 되지 않아도 서둘러 일을 저지르는 것이 완벽하게 준비하느라고 꾸물거리는 것보다 낫다'는 뜻입니다.

무슨 일이든 즉시 실행하고 저질러버리는 사람은 그렇지 않은 사람보다 실패할 확률이 클지도 모릅니다. 물론 아무도 실패하고 싶지는 않겠지요. 그러나 도전하는 사람은 실패할 확률이 높을지 모르지만 그만큼 성공할 확률도 높습니다. 도전하지 않으면 실패하지 않습니다. 그러나 도전 자체를 하지 않기 때문에 성공도 할 수 없습니다. 딜레마처럼 들리기도 하지만 조금 깊이 생각해보면 당연하고 명쾌한 논리임을 알 수 있습니다.

이 책은 생각과 행동 사이의 거리를 좁히는 것이 자신의 삶에 어떤 영향을 미치는지 설명하며 그 방법을 알려줍니다. 생각과 행동 사이를 좁히는 실행 습관을 익히면 일을 미루는 습관이 없어지고 일처리가 빨라져 업무에 소요되는 시간이 줄어듭니다. 자연히 추진력이 강해지고 판단력이 생깁니다.

지금부터 저와 함께 생각과 행동 사이의 거리를 좁혀 나가는 여정을 시작해 볼까요?

이 책이 여러분의 삶과 일을 완전히 개선하는 역할을 한다면 행복하겠습니다.

머리말 | 졸속拙速이 지완遲完을 이긴다 5

| 제1부 |
생각과 행동 사이의
거 ············ 리

- 015   지금 합니다
- 020   빨리 일하는 뇌를 만든다
- 025   단순화된 습관의 수를 늘려라
- 030   완벽함을 목표로 하지 않는다
- 034   우선순위보다 의뢰순서가 중요하다
- 039   생각 빼고 일단 실행한다
- 044   하기 싫은 일은 먼저 한다
- 050   양질 전환의 법칙
- 055   실행하면 사라지는 스트레스의 비밀
- 059   잘 모르겠습니다, 도와 주세요
- 063   리더십은 행동하는 힘에서 나온다
- 068   좋은 아이디어는 실행해 봐야 안다
- 071   나의 선언

| 제2부 |

생각과 행동 사이의
습 ············ 관

- 077 업무 준비는 출근시간에
- 081 메일은 읽기 전에 답장 버튼을 먼저 누른다
- 085 수첩이 가장 빠르다
- 089 일에도 예습이 필요해
- 093 쌓여 있는 서류는 당장 버려라
- 097 일상적인 일은 패턴화하여 단순하게
- 101 몰입 시간을 만들어라
- 105 일은 정해진 시간까지만
- 109 자신이 하는 일의 가치는 얼마인가
- 113 중요한 일은 즉시 전화로
- 117 외모를 깔끔하게 하면 일이 빨라진다?
- 121 잘 거절하는 것이 신뢰를 지키는 일이다
- 126 떡은 떡방에 맡겨라
- 130 실수는 즉시, 진심으로 사과한다
- 134 모르면 질문하라

138 주위에 내편은 몇 명인가
142 지금 하면 까먹지 않는다
146 실수에서 배운다
151 일의 소요시간 리스트를 만든다
155 계획 세우는데 시간 쓰지 마라
159 신문과 잡지는 제목만 봐둬도 남는다
164 생각난 즉시 메모 한다
168 발상력은 훈련이다
172 좋은 것은 따라한다
176 기획서는 신선도가 생명
180 시각적 이미지를 사용하라
184 SNS로 새로운 세상을 만나라
187 인적 네트워크가 많으면 일이 빨라진다
192 인맥은 자신의 인격이고 자산
196 휴식 없이 일 없다

맺음말 | 생각과 행동 사이를 좁히면 인생이 달라진다 201

 지금 할 수 있는 일은 한 가지 밖에 없습니다.

제1부

생각과 행동 사이의 거⋯⋯리

지금 합니다

서점의 비즈니스 책 판매코너에 가면 '협상' '기획' '프레젠테이션' '리더십' 등 비즈니스와 관련된 책이 많이 늘어서 있습니다. 이러한 비즈니스 관련 책에 실려 있는 노하우는 매우 유용한 비즈니스 스킬입니다. 그런데 소위 이 '비즈니스 노하우'라는 것이 너무 많습니다. 그러다 보니 모든 노하우를 습득하기가 쉽지 않습니다. 심지어 중요하지 않은 것이 없다는 생각까지 듭니다. 결국 정말 무엇이 중요한 사항인지 모르게 되어 혼란스럽게 느껴집니다.

그렇다면 비즈니스에서 무엇이 가장 중요할까요? 바로 실행입니다. 아무리 뛰어난 비즈니스 비결을 배워도 실행하지 않으면 아무 소용이 없습니다. 책에 나와 있는 비즈니스 노하우는 업무에 활용하지 않으면 쓸모없는 이론에 불과합니다. 비즈니스에서 가장 중요한 것은 실행입니다. 실행을 해야 경험을 쌓을 수 있고 그 경험이 쌓여야 성공할 수 있습니다.

즉시 실행하는 습관을 들이자

그렇다면 경험은 어떻게 해야 습득할 수 있을까요? 말이나 생각을 행동으로 실천하는 습관을 들여야 경험을 쌓을 수 있습니다. 그것도 '즉시' 실행해야 더 많은 경험을 얻을 수 있습니다. 무슨 일이든 생각 즉시 실천해야 새로운 경험이 쌓여 높은 경험치를 얻을 수 있습니다.

즉시 실행하는 습관을 들이면 경험치가 증가합니다. 일처리 속도가 빨라집니다. 업무의 질이 향상됩니다. 곧바로 일에 착수하면 작업 중에 문제가 발생해도 수정할 시간이 생깁니다. 남보다 빨리 업무를 마무리할 수 있습니다. 빨리 일을 끝내면 다시 한 번 확인할 시간 여유가 생겨 업무의 질도 높아집니다.

우리 주변에는 특별한 기술이나 뛰어난 재능이 없지만 자신의 생각을 주저 없이 실행에 옮기는 사람이 있습니다. 그런 사람은 실패를 거듭하더라도 언젠가 반드시 성공합니다. 그래서 생각 즉시 행동하는 습관이 중요합니다.

"무엇이든 즉시 실행하십시오"라고 말하면 "당신은 생각 즉시 행동하는 사람이지만 저는……" 하며 우물쭈물하는 사람이 있습니다. 지금 저는 성격이 조급한 사람입니다. 무슨 일이든 곧장 해치우고 속도를 내는 편입니다. 그러나 저도 20대 초반까지는 소극적인 성격이었습니다. 매사에 적극적으로 도전하는 사람이 아니었습니다. 어떤 일이든 망설이고 주저했습니다. 지금 생각해 보면 그러한 성격 탓에 하고 싶었지만 하지 못한 일이 많습니다. 그래서 후회가 됩니다.

지금 저는 그렇지 않습니다. 즉시 실행의 효과를 알게 된 다음에는 어떤 일이든 주저하지 않고 바로 시작합니다. 저의 예를 보면 생각 즉시 행동하는 습관은 타고난 성격 문제가 아니고 방법과 요령의 문제라는 것을 알 수 있습니다. 즉시 실행하는 방법만 배우면 누구라도 실행하는 힘을 키울 수 있습니다. 한마디로 저는 생각과 행동 사이의 거리가 제로가 되었습니다.

가장 중요한 비즈니스 스킬은 '생각 즉시 행동하는 것'이다

일을 할 때 가장 중요한 것은 '실행을 하느냐, 안 하느냐'입니다. 아무리 완벽한 기획서를 만들어도 실행하지 않으면 그림의

떡입니다. 머리가 좋거나 기술이 뛰어나거나 아이디어가 넘쳐도 실천하지 않으면 아무 결과도 얻을 수 없습니다. 결과가 없으면 평가의 대상조차 될 수 없습니다.

입으로는 "할게" 하고 말해놓고 행동에 옮기지 않으면 "저 사람은 말뿐이야"라는 비아냥거림을 듣게 됩니다. "한다"라고 한번 말을 내뱉으면 당연히 그 말을 그대로 실행해야 합니다. 말만 하고 실행하지 않는 사람은 하나도 멋지지 않습니다. 말한 대로 실행하는 사람이 멋집니다. 그냥 실행하는 것이 아니라 '즉시' 실행하면 더 멋져 보입니다.

"이 아이템 좋은데요? 한번 해봅시다" 하고 의견이 모아지면, 즉시 "그러면 오늘 바로 결정합시다" "다음 회의 일정을 지금 정하죠. ○○월 ○○일이 어떻습니까?"라며 바로 구체적으로 행동에 옮기는 사람은 믿음직스럽고 든든합니다.

저는 격식이나 절차를 크게 따지지 않습니다. 하기로 결정을 하면 조금 부족한 부분이 있더라도 곧바로 행동에 들어갑니다. 저에게 즉시 실행하는 습관은 가장 중요한 비즈니스 노하우입니다.

비즈니스에서
가장 중요한 성공 비결은
즉시 실행하는 습관입니다.
즉시 실행을 통해
많은 경험을 쌓는 것이
성공의 지름길입니다.

빨리 일하는
뇌를 만든다

저는 "어떻게 해야 생각과 동시에 실천에 옮겨 정해진 시간 안에 빨리 일처리 하는 사람이 될 수 있나요?"라는 질문을 자주 받습니다. 그런데 저는 이런 질문에 대해 구체적으로 생각해본 적이 없습니다. 그런 질문을 받으면 "빨리 시작하면 그만큼 빨리 끝나잖아" "실패하면 어쩌나 미리 걱정하지 말고 지금 시작하면 돼" "완벽함을 추구하지만 않으면 정해진 시간 안에 빨리 끝낼 수 있어" 하고 근거 없이 막연히 대답했습니다. 그러나 뇌과학 관련 책을 읽은 뒤 여러 가지 이론적 근거를 알게 되었습니다.

쓰키야마 다카시築山節가 쓴 『뇌가 맑아지는 15가지 습관』이라는 책에 적절한 설명이 실려 있습니다.

뇌의 회전수를 높여라

쓰키야마 다카시는 뇌의 기본 회전수^{두뇌회전속도}를 높이려면 '시간 제약'이 필요하다고 했습니다. '언제까지 이 일만 붙잡고 있어서는 안 된다' '○○일까지 맡은 문제를 해결하지 않으면 안 된다'라는 시간 제약을 부여하면 뇌의 회전수가 올라간다는 주장입니다. 반대로 이러한 시간 제약이 없으면 뇌의 회전수가 올라가지 않는다고 합니다. 같은 업무를 처리해도 시간이 넉넉해서 긴장이 풀린 상태에서는 뇌의 회전수가 올라가지 않습니다.

평일에는 어떤 업무든 별 문제 없이 척척 해치우는데, 휴일에는 간단한 업무 메일에도 즉시 답장을 하지 못합니다. 반드시 처리해야 할 일이 있어도 휴일에는 머리가 돌아가지 않습니다.

책을 쓸 때도 마찬가지입니다. 평일보다 시간 여유가 있는 휴일에 쓰겠다고 마음먹지만 막상 휴일이 되어 컴퓨터 앞에 앉으면 좀처럼 진도가 나가지 않습니다. 그런데 평일 밤에 '두 시간 동안 집필에 전념한다!' 하고 마음먹으면 빨리 써집니다. 쓰키야마 다카시의 책을 읽은 뒤 휴일에는 긴장이 풀어져 진도가 나가지 않는다는 것을 알게 되었습니다.

즉시 실행해서 빨리 일처리를 하려면 시간 제약을 두어야 합니다. 시간에 한계가 있으면 긴장감이 생깁니다. 시간 제한이 있으면 정해진 시간 안에 일을 끝내려고 바로 시작하게 되고 뇌의 회전수가 상승해 빨리 일처리를 할 수 있습니다.

뇌과학자 모기 겐이치로^{茂木健一郎}는 『뇌를 활용하는 업무법』이라는 책에서 이렇게 말했습니다.

"저는 일을 할 때 꾸물거리지 않고 무조건 시작하려고 타임 프레셔^{time pressure}를 둡니다. 타임 프레셔는 작업에 제한시간을 두어 뇌에 압박을 주는 것을 말합니다. 시간 압박을 받은 뇌는 긴장 상태에 빠집니다. 즉, 시간 압박을 극복하려고 회전이 빨라집니다. 타임 프레셔는 시간 압박을 극복했을 때 느끼는 기쁨을 이용해 뇌의 회전을 빠르게 만드는 방법입니다."

한번 올라간 뇌의 기본 회전수는 당분간 그 상태를 유지한다고 합니다. 업무에 즉각 돌입해 정해진 시간 안에 빨리 일처리를 하려면 미리 준비운동을 해서 뇌의 기본 회전수가 올라가기 좋은 상태를 만들어야 합니다.

일을 시작하기 전에 뇌의 준비운동을 하라

저는 출근시간 동안 하루의 일정을 점검하고 스마트폰으로 '할 일^{To Do}'을 '내게 쓰기' 메일로 보내며 서서히 업무 모드로 들어갑니다. 이렇게 하면 회사에 도착하자마자 곧바로 업무를 진행할 수 있습니다. 뇌과학 측면에서 보면 이 방법은 매우 바람직합니다.

저는 10년 전, 회사에서 집까지 15분 정도 걸리는 곳에서 2년 동안 살았습니다. 그때는 출근시간 15분 전에 집을 나서 출근시간에 딱 맞춰 회사에 도착했습니다. 출근은 했지만 머리가 맑아지지 않아 30분 정도는 멍한 상태로 일을 했습니다. 그때는 그 이유를 몰랐습니다. 2년 후 회사에서 멀리 떨어진 곳으로 이사를 갔습니다. 출근시간 동안 하루 업무를 준비했습니다. 그 뒤로는 출근 후 멍한 상태가 사라졌고 바로 업무에 돌입하게 되었습니다.

즉시 실행하려면 뇌의 준비운동을 해야 합니다. 일처리를 빨리 하려면 시간 제약을 두어야 합니다. 그렇게 하면 업무에 효율이 오르는 것을 직접 느낄 수 있습니다.

단순화된 습관의 수를 늘려라

저는 즉시 실행하는 방법을 '시간 제약을 두는 것'이라고 말했습니다. 잔업, 휴일 출근, 일거리를 집으로 가지고 가는 것을 당연히 여겨 시간 제약을 무력화하면 뇌의 기본 회전수가 올라가지 않습니다.

앞서 말한 바와 같이 시간 제약을 두면 '정해진 시간까지 반드시 일을 끝내야 한다'라는 긴장감이 생겨 뇌의 기본 회전수가 올라갑니다. 그러나 '잔업을 해야겠다' '개인시간을 줄여야겠다'라고 마음먹으면 긴장감이 사라집니다. 장시간 노동을 전제로 하고 작업시간을 설정하면 속도가 나지 않습니다.

잔업과 야근을 당연하게 여기지 말라

'시간이 많이 걸려도 괜찮다'라고 생각하면 집중력이 떨어지고 쓸데없는 생각을 하게 됩니다. 저도 그런 경험이 숱하게 많습니다. 시간을 많이 들이는데도 투자한 만큼 일이 진전되지 않습니다.

트라이엄프 인터내셔널 재팬의 전 사장 요시코시 고이치로吉越浩一郎는 『잔업 제로 인생력』에서 이렇게 말했습니다.

"모든 업무에 데드라인만큼 중요한 것은 없습니다. 인간은 다급해지지 않으면 일할 의욕이 생기지 않습니다. 그것은 인간의 자연스런 본능입니다. 저는 직원에게 데드라인이 있는 업무를 쉴 틈 없이 부여해 궁지로 몰아넣습니다. 그러면 직원들의 업무 속도가 자연스럽게 올라갑니다. 회사도 좋지만 직원 개개인의 능력 향상에도 도움이 됩니다."

아무리 노력해도 정해진 시간 안에 맡은 업무를 끝내지 못할 때가 있습니다. 때에 따라서는 업무량이 많아 잔업이나 야근을 해야 하는 경우도 있습니다. 그때는 어쩔 수 없습니다. 그렇다고 그것을 당연하게 여기면 안 됩니다. 시간 제약을 의식하며 일할 때와 그렇지 않을 때의 업무처리 속도는 완전히 다르기 때문입니다.

하루의 행동 패턴을 습관화하라

저는 원칙적으로 잔업이나 야근을 하지 않습니다. 밤에는 밤대로 일이 있어서 그렇기도 하지만, '잔업이나 야근을 하지 않는다'를 전제로 하루 일과를 패턴에 맞추기 때문에 정한 시간 내에 업무를 처리하는 습관이 몸에 배어 있습니다. 정한 시간 안에 일을 끝내지 못해 잔업을 하면 화가 날 정도입니다.

모든 일을 패턴에 맞춰 습관처럼 하면 매우 좋습니다. 미국 프로야구 메이저리그 시애틀 마리너스의 이치로 선수는 시합 전에 먹는 음식, 연습시간 등 평상시의 생활과 훈련을 패턴에 맞춰 습관화한 것으로 유명합니다. 그는 모든 행동을 패턴에 맞춰 습관화해서 전인미답의 대기록을 세웠습니다.

이것을 비즈니스맨에게 응용해봅시다. 하루의 행동을 패턴에 맞춰 습관화합시다. '아침 일찍 (○○시에) 일어난다, 출근하기 전까지 ○○을 한다, 출근시간 동안 △△을 한다, 사무실에 도착하면 가장 먼저 ▢▢을 한다'라는 패턴을 만듭니다.

어떤 일이든지 처음에는 어렵고 힘들지만 습관화되면 아무렇지 않습니다. 패턴이 숙달되면 속도가 빨라집니다. 아침 시간을 패턴화하면 하루 업무의 워밍업이 되어 업무 효율이 올라갑니다.

잠을 깊이 자고 있을 때는 대뇌가 쉬기 때문에 아침에는 뇌가 피로를 회복해 아이디어가 떠오르기 쉽습니다. 아침에 일찍 일어나면 머리가 상쾌한 아침시간을 효율적으로 사용할 수 있어 업무처리가 빨라집니다. 장시간 업무를 한다고 좋은 것은 아닙니다. 최소의 시간으로 최대의 성과를 내는 것이 중요합니다. 그러려면 즉시 실행하기를 습관화해야 합니다.

업무 처리에 대한 시간 제약을 두어
긴장감을 유지하고
업무 패턴을 몸에 익힘으로써
시간 효율을 높입시다.

완벽함을
목표로 하지 않는다

완벽한 일처리를 추구하려는 마음가짐은 매우 바람직합니다. 그런데, 완벽한 일처리란 과연 무엇일까요?

저는 완벽한 일은 예술가만이 할 수 있다고 생각합니다. 그것도 고객^{구매자}이 없는 예술작품을 만드는 예술가를 말합니다. 고객이 없기 때문에 자신이 만족하면 완벽한 일이 됩니다. 순수한 창작의 영역에 접근하려는 예술가만이 완벽함을 추구할 수 있습니다.

그러나 일에는 반드시 고객^{의뢰인}이 있습니다. 완벽한 일처리란 의뢰인이 100퍼센트 만족하도록 일하는 것을 말합니다. 자기가 한 일을 완벽하다고 생각해도 고객이 완벽하다고 생각하지 않으면 그 일은 완벽한 일이 아닙니다. 그래서 저는 일을 잘하려면 완벽함을 목표로 하지 말라고 조언합니다.

업무 도중 의뢰인에게 조언을 구하라

완벽함을 목표로 하면 '고객이 추구하는 만족이 무엇일까?'라는 생각에 빠져 일의 시작이 늦어집니다. 일을 시작하고도 '이렇게 하면 부족하지 않을까?' 하고 망설이게 되어 업무가 더뎌집니다. 뇌과학자 모기 겐이치로는 『뇌를 활용하는 업무술』에서 이렇게 말했습니다.

"공부와 달리 업무에는 정답이 없습니다. 업무에서 완벽을 추구하면 그 업무를 종결할 수 없습니다. 시간이 흘러도 결과물이 나오지 않아 초조해집니다. 자신의 생각대로 일하고 있는지 판단조차 할 수 없게 됩니다. 결국 업무가 정체됩니다."

'완벽함을 목표로 하지 않아도 좋다'라고 생각해야 업무를 빨리 끝낼 수 있습니다. 지금부터 업무를 빨리 처리하면서도 질 높은 결과물을 만드는 방법을 살펴봅시다.

먼저 머뭇거리지 않고 곧장 일에 들어갑니다. 일을 진행하면서 고객에게 피드백을 받습니다. 업무가 어느 정도 진행되면 의뢰인^{고객, 상사}에게 중간보고를 하여 의뢰인의 반응을 보거나 조언을 구합니다. 피드백은 의뢰인이 희망하는 목표입니다. 그것을 알아야 업무 결과가 자기만족에 그치지 않고 의뢰인이 요구하는 완벽에 가까워집니다.

어떤 업무든지 시간제한이 있습니다. 혼자 시행착오를 거듭하다가 제한 시간에 걸려 빠듯하게 결과물을 제공해도 의뢰인이 만족하지 못하면 지금까지의 노력은 허사가 됩니다. 결과물 제출 기한보다 압도적으로 빠른 시간에 의뢰인에게 경과보고를 합니다. 의뢰인의 피드백을 받는 것이 의뢰인이 희망하는 결과물을 내는 길입니다.

키포인트는 '압도적으로 빨리!'

피드백을 받는 것이 중요하지만, 마감시간에 임박해서 시간 여유가 없는데도 의뢰인의 희망과 동떨어진 결과물을 보여주며 "피드백 해주세요"라고 하면 의뢰인은 어이가 없어 아무 대답도 못합니다. 의뢰인이 원하는 일처리에 가까운 결과물을 만드는 가장 중요한 요소는 압도적인 속도입니다.

압도적으로 빠른 시간에 작업의 윤곽을 잡아 의뢰인에게 보여주면, 의뢰인은 "벌써 여기까지 했어요? 정말 빠르네요"라고 놀랍니다. 나아가 "여기는 이렇게 고쳤으면 좋겠어요" "여기는 이런 식으로 바꿔주세요"라고 의견을 제시합니다. 그러면 의뢰인의 의견을 참고해서 계속 작업을 합니다. 이러한 흐름으로 작업하며 이 과정을 몇 번 거칩니다. 의뢰인이 "이제 더 요구할 것이 없네요. 만족합니다"라고 말하면 고객이 원하는 완벽한 일처리에 가까워진 것입니다.

여기서 중요한 것은 '압도적으로 빠른 일처리 속도'입니다. 처음부터 완벽한 일처리를 목표로 하지 말고, 우선 빨리 일에 착수한 뒤 피드백 과정을 통해 수정하면서 완벽에 가까워집시다.

압도적으로 빨리 시작하고
중간중간 의뢰인에게
피드백을 받는 것이 중요!

우선순위보다
의뢰순서가 중요하다

저는 동시에 여러 가지 업무가 중복되어 들어옵니다. 모든 비즈니스맨이 대부분 저와 같다고 생각합니다. 한 가지 일이 완전히 끝난 뒤 다른 일이 들어오는 경우도 있지만 대부분의 경우 어떤 일을 하는 도중에 다른 일이 들어옵니다. 지금 하고 있는 일이 끝나지도 않았는데 새로운 일이 들어옵니다. 비즈니스맨이 직장생활을 하다 보면 이런 경우는 비일비재합니다.

사람들은 보통 일이 쌓이면 작업의 우선순위를 정합니다. 나중에 의뢰받은 일이라도 우선순위가 높다고 생각하면 먼저 의뢰받은 일을 제치고 그 일을 먼저 합니다. 그러나 그렇게 하면 어떤 일은 우선순위에서 밀려 좀처럼 시작하지 못하는 부작용이 발생합니다.

일은 의뢰받은 순서대로 해나가라

작업시간은 정해져 있습니다. 그래서 사람들은 일반적으로 '한정된 시간 안에 효율적인 업무 처리를 하겠다'라는 생각으로 작업의 우선순위를 정합니다.

그러나 그것은 당신의 생각입니다. 당신은 우선순위가 높다고 판단한 일을 먼저 할 것입니다. 그러나 그 일보다 먼저 일을 의뢰한 고객도 당신과 같이 생각해서 양보할까요? 먼저 일을 의뢰한 고객이 당신의 입장을 이해해서 약속한 시간 안에 결과물을 받지 못해도 웃고 넘길까요? 어림도 없습니다.

어느 고객이든 의뢰한 일을 약속한 시간 안에 마무리하지 못하면 당신의 신용은 떨어집니다. 그러한 결과를 초래하지 않으려면 업무의 우선순위를 정하지 말고 의뢰받은 순서대로 시간을 계산해서 일해야 합니다. 맡은 업무에 따라 우선순위를 정하는 것이 좋은 경우도 있지만, 기본적으로는 일이 들어온 순서대로 처리해야 합니다.

일을 순서대로 처리하지 않으면 의뢰인의 클레임이 발생할 가능성이 커지고 일이 뒤죽박죽되어 손쓰지 못할 지경이 되기 쉽습니다.

하나의 일에 집중하라

여러 가지 일이 쌓여 있어도 그 여러 가지 일을 동시에 처리하면 안 됩니다. 한 번에 하나의 일에만 집중해야 합니다. 몇 개의 일을 동시에 처리하기보다 하나의 일에 집중하는 편이 시간이 적게 걸리고 결과물의 질이 높아집니다.

일이 많이 밀려 있어도 지금 할 수 있는 일은 한 가지밖에 없습니다. '이것도 해야 되고 저것도 해야 되는데……' 하며 갈팡질팡하기보다 '지금 해야 하는 일은 이것뿐이다'라고 결심하고 눈앞의 일에 집중합니다. 하나의 일을 끝낸 뒤 다음 일을 잡습니다. 각개격파한다는 마음으로 하나하나 순서대로 일을 처리해야 합니다.

한 가지 일에 착수하면 다른 일은 일절 생각하지 말고 그 일에만 집중합시다. 작업하는 동안 이메일 확인도 하지 마십시오. 작업에 몰두해야 할 때는 전화도 받지 마십시오. 하지 않겠다고 마음먹었으면 절대로 하지 말아야 합니다.

사람은 한 가지 일에 장시간 집중하는 것이 불가능합니다. 저는 간단한 일은 30분이나 1시간 안에 처리합니다. 시간이 많이 걸리는 일이 있으면 '오늘 하루는 이 일만 한다'라고 마음먹고 그 일에만 집중합니다. 이런 방식으로 한 가지 일을 끝장을 봐야 합니다.

저는 지금 업종이 다른 회사를 2개 경영하고 있습니다. 회사 일 외에는 웹사이트에 글을 올리거나 원고를 쓰기도 합니다. 저의 업무는 서로 관련 없는 일들이 엉켜 있습니다. 앞서 말한 방식대로 집중해서 하나하나 처리하지 않으면 뒤죽박죽이 되어 하나도 제대로 마무리하지 못합니다.

일을 하나씩 처리하면 성취감이 생겨 기분이 좋아집니다. 예를 들어 5개의 일을 동시에 착수해서 오늘 5개 각각 30퍼센트씩 끝내고 다음 날 또 각각 50퍼센트씩 끝내는 방식보다, 오늘 한 개의 작업을 완료하고 '이제 4개 남았다'라고 생각하고 다음 날 또 한 개의 작업을 완료한 뒤 '이제 3개 남았구나' 하고 정리하는 방식이 효율적입니다. 물론 각 단계마다 성취감을 느끼는 것도 정신적인 면에서 좋습니다.

생각 빼고
일단 실행한다

소프트뱅크의 손정의 사장이 어느 날 한 직원에게 기획서를 만들라고 지시했습니다.

"언제까지 만들 수 있어요?"

"일주일 정도면 만들 수 있습니다."

"일주일? 3일이면 만들 수 있지 않나? 3일 만에 만드세요!"

그 직원은 크게 당황했지만 실제로 기획서를 만들어 보니 3일 만에 만족할 만한 기획서를 만들 수 있었다고 합니다.

일주일 걸린다던 기획서를 어떻게 3일 만에 완성했을까요? 일주일 걸린다고 대답한 그 직원도 일주일을 모두 기획서 만드는 데 사용한다고 생각하지는 않았을 것입니다. 처음 며칠은 기획서 구상에 시간을 할애하고, 작성한 기획서를 교정하고 세부 항목을 정리하는 데 또 며칠을 쓸 생각이었을 것입니다.

3일이나 일주일이나 기획서의 핵심 부분을 작성하는 시간은 같습니다. 그 직원은 3일이라는 제한된 시간 안에 기획서를 작성하려고 즉시 착수했고 집중해서 핵심 부분을 정리했습니다. 결국 3일 만에 훌륭한 기획서가 탄생했습니다.

그렇다면 어떤 일을 맡았을 때 스스로 마감날짜를 정하고 빠르게 일을 처리하면 어떨까요? 완벽하게 처리하려고 들지 말고 압도적인 속도로 빨리 일하는 방법을 선택하십시오. 빠른 일처리는 당신의 평가를 크게 바꿔 놓을 것입니다. 시간을 많이 투자한다고 결과가 크게 바뀌지 않습니다. 낭비되는 시간을 줄인다는 생각으로 빠르고 알차게 일하십시오.

생각할 필요가 없는 일은 생각하지 마라

생각할 필요가 없는 일을 생각하는 것은 시간 낭비입니다. 일에 착수하기 전에 '이렇게 할까, 저렇게 할까' 하며 망설이는 시간과 '잘될까? 걱정이다' 하며 우려하는 시간은 일의 목적과 전혀 관계가 없고 쓸데없이 낭비하는 시간입니다. 이것저것 생각하지 말고 일단 일에 착수합시다. 일단 시작하면 막막했던 일도 생각 외로 잘 풀립니다. 행동으로 옮기지 않고 생각만하는 사람에게는 "생각은 이제 그만!" "생각하지 말고 즉시 행동해!" 하고 소리치고 싶습니다.

일단 저지르는 사람 vs 생각만 하는 사람

'깊이 생각하지 않고 일단 저지르고 보는 사람'과 '생각만 하고 즉시 행동하지 않는 사람' 중 어느 쪽이 좋을까요? 깊이 생각하지 않고 일단 저지르는 사람은 실패할 확률이 높을지 모릅니다. 그러나 깊이 생각한 뒤 결론을 냈다고 해서 반드시 결과가 좋을 것이라고 보장할 수도 없습니다. 깊이 생각했지만 틀린 결론일 수도 있기 때문입니다. 깊이 생각해도 실패할 때는 실패합니다.

어떤 일이든 생각 즉시 행동으로 옮깁시다. 시간을 최대한 절약해 신속하게 일을 처리합시다. 만약 실수를 하거나 실패하더라도 그것을 통해 배우면 결과적으로 장래에는 큰 자산이 됩니다. 실수나 실패를 반복해도 상관없습니다. 단, 같은 실수나 실패를 반복해서는 안 됩니다.

실패라는 훌륭한 선생은 당시에는 큰 아픔을 주지만 많은 시간을 투자하지 않아도 많은 시간을 투자한 것과 같은 수준의 성과를 내도록 가르쳐줍니다.

좋은 경험이든 나쁜 경험이든 세상의 모든 경험은 어떤 상황이 닥쳐도 대응할 수 있는 힘을 길러줍니다. 생각 즉시 행동하면 다른 사람보다 많은 경험이 쌓이고 언젠가는 생각하지 않고도 올바른 판단을 내릴 수 있게 됩니다. 많은 경험을 쌓아두면 어떤 일을 마주한 순간 엄청난 에너지가 머리를 팽팽 돌게 만들어 순식간에 결론을 도출해낼 수 있습니다.

경험은 오래 생각하지 않아도 올바른 판단을 내리도록 해줍니다. 경험을 많이 쌓을수록 최고의 비즈니스맨이 됩니다.

생각만 하고
즉시 행동하지 않는 사람과
깊이 생각하지 않고
일단 저지르고 보는 사람 중
어느 편이 나은가?

하기 싫은 일은
먼저 한다

사람은 누구나 좋아하는 음식과 싫어하는 음식이 있습니다. 여러분은 식사할 때 좋아하는 음식에 손이 먼저 갑니까, 아니면 싫어하는 음식에 손이 먼저 갑니까?

뷔페에서 식사를 한다면 좋아하는 음식만 골라 먹어도 됩니다. 그러나 코스 요리로 나온 음식을 전부 먹어야 하는 경우라면, 자신이 좋아하는 음식을 먹을 때는 즐겁지만 싫어하는 음식에는 쉽게 손이 가지 않습니다.

일도 마찬가지입니다. 하고 싶은 일은 곧장 시작해서 착착 진행하지만 하기 싫은 일은 뒤로 미루거나 진행 속도가 느려지게 마련입니다.

좋아하는 일에 즉시 착수해서 빨리 처리하면 직장상사나 거래처에게 칭찬을 받습니다. 그것을 반복하면 능력 있는 비즈니스맨으로 인정받습니다. 거래처에서 "이 일은 당신에게 맡기겠다"라며 일감이 밀려들어옵니다. 때에 따라 들어온 일도 퇴짜를 놓아야 할 만큼 바빠집니다. 이제 일을 골라서 해야 하는 상황에 이릅니다. 이것이 성공입니다. 직장인은 중요한 업무를 맡아 신속히 처리하여 상사의 인정을 받으면 승진이 빨라집니다. 문제는 '싫어하는 일을 어떻게 해야 하느냐'입니다.

싫어하는 일일수록 빨리 처리하라

음식 이야기로 다시 돌아가겠습니다. 테이블에 나온 음식을 전부 먹어야 하는 상황이라면 저는 싫어하는 음식을 먼저 먹고 좋아하는 음식은 나중에 먹습니다. 테이블에 싫어하는 음식이 계속 남아 있으면 좋아하는 음식을 먹을 때 '나중에 싫어하는 음식을 먹어야 하는데……' 하는 생각이 들어 괴롭습니다. 그러면 좋아하는 음식을 먹을 때 100퍼센트 맛있게 먹지 못합니다. 마음에 부담이 있기 때문입니다. 반대로 싫어하는 음식을 먼저 먹고 나면 가벼운 마음으로 좋아하는 음식만 맛있게 먹으면 됩니다.

어떤 음식이든 사람이 먹는 것입니다. 싫어하는 음식을 먹을 때도 처음 몇 번은 입맛에 맞지 않지만 자꾸 먹으면 먹을 만합니다(아주 특수한 음식은 빼고 말이지요). 오히려 그 맛에 빠지는 수도 있습니다.

일도 마찬가지입니다. 싫지만 반드시 해야 하는 일을 뒤로 미루고 마음 한구석에 '저 일을 빨리 해야 하는데……' 하고 부담을 느끼면서도, 하기 쉬운 일이나 좋아하는 일만 하면 스트레스가 쌓입니다. 싫어하는 일을 방치하면 큰 문젯거리로 발전할 가능성이 있습니다. 싫어하는 일일수록 미루지 말고 우선적으로 처리해야 합니다. 어렵다고 생각해서 미루던 일도 막상 착수해 보면 그리 어렵지 않습니다. 한 번 하고 나면 자신감이 생깁니다. 몇 번 반복하면 우습게 보입니다. 자존심 같은 감정이 개입된 일은 정말 하고 싶지 않습니다. 그러나 그런 일일수록 긍정적인 마음으로 가장 먼저 해결하려고 노력해야 합니다.

저는 15년 동안 유학 비즈니스를 하고 있습니다. 우리 회사를 통해 유학을 간 학생이 다니던 랭기지스쿨이 갑자기 문을 닫거나, 유학생이 홈스테이하는 현지인 가족에게 성추행을 당하거나, 자살을 시도하거나, 유학생이 돌연 강제퇴학을 당하는 등 어려운 상황에 처한 적이 한두 번이 아닙니다. 이런 문제는 빨리 해결하지 않으면 유학생 가족의 원성이 이만저만 심하지 않습니다. 이렇게 해결하기 어려운 사건이 연이어 터지면 아무 데로나 도망치고 싶습니다. 저는 이런 일을 많이 경험했습니다.

이런 일은 해결하기 힘들고 듣기조차 싫지만 반드시 해결해야 하는 중요한 문제입니다. 저는 이러한 상황이 벌어지면 다른 업무를 제쳐두고 그 문제를 해결하는 데 총력을 기울입니다. 피하지 않고 정면으로 돌파합니다. 문제해결을 위해 최선을 다합니다. 평정심을 유지하며 침착하고 재빠르게 처리합니다. 할 수 있는 모든 방법을 동원합니다. 피하고 싶지만 절대로 적당히 넘어가거나 모르는 척 방치하지 않습니다. '진인사대천명盡人事待天命'이라는 말이 있습니다. 이 말을 가슴에 새기면 마음이 편안해지고 싫어하는 일이라도 적극적으로 대처할 수 있습니다.

하기 싫은 일을 하고 싶은 일로 만들라

고객의 클레임 대응만이 아니라 전화번호부나 고객명부를 이용해 전화 영업을 해야 하는 경우도 마찬가지입니다. 이러한 업무가 부여되면 생면부지의 사람에게 사전 통보도 없이 전화를 해야 합니다. 참으로 하기 싫은 일이지만 회사와 자신을 위해서는 어쩔 수 없습니다. 전화를 하다보면 고객에게 심하게 욕을 먹을 때도 있고, 말조차 제대로 꺼내지 못할 때도 있습니다. 하루 종일 아무 소득도 올리지 못해 의기소침해지기도 합니다.

고객의 대응에 일일이 신경을 곤두세우면 기분이 상하고 의욕이 없어지고 회의감이 듭니다. 그래서 일을 미루거나 방치하기 쉽습니다. 결국 아무 실적을 올리지 못하고 정체하거나 퇴보하게 됩니다.

그러나 달리 생각해 봅시다. 전화 영업은 사전 통보 없이 고객이 원하지 않는 전화를 고객에게 거는 일입니다. 전화를 받은 고객이 매몰차게 반응하는 것이 당연합니다. 고객의 차가운 대응에 각을 세우거나 힘들다고 생각하는 것은 말이 안 됩니다. 이럴 때는 평정심을 유지해야 합니다. '전화 영업이란 원래 이런 것이다'라고 미리 마음에 여유를 가져야 합니다. 고객과 자꾸 부딪히면 어느 순간 그리 힘들지 않다고 느낍니다. 꾸준히 전화를 하다보면 실적이 올라갑니다. 하기 싫은 일을 참고 견뎌 결실을 이루면 행복 두 배, 기쁨 두 배입니다.

당연히, 일에는 하고 싶은 일과 하기 싫은 일이 있습니다. 좋아하는 일만 골라서 할 수는 없는 노릇입니다. 두 가지 일을 모두 해야 한다면 하기 싫은 일을 먼저 해치우고 기분을 상쾌하게 만든 뒤 하고 싶은 일에 착수합시다. 하기 싫은 일을 의뢰받았을 때에는 방치하지 말고 즉시 실행합시다.

앞서 저는 "하기 싫은 일이라도 일단 착수하면 그다지 힘들지 않고 예상외로 빨리 끝난다"라고 말했습니다. 여러분도 실제로 해보면 알 수 있습니다. 그리고 다음에 싫어하는 일을 맡아도 '이런 일은 빨리 해치우는 것이 상책이다, 일단 시작하면 그리 어렵지 않다'는 것을 경험으로 알게 됩니다. 하기 싫은 일도 즉시 실행하게 됩니다. 일이 당신을 좋아하게 만들 수는 없습니다. 바로 당신이 일이 좋아지는 방법을 찾아야 합니다.

하기 싫은 일도
막상 붙잡고 해보면
수월하게 해결되는 경우가
대부분입니다.
하기 싫은 일을
'해야 할 일 1순위'로!

양질 전환의
법칙

업무의 양을 중시하면 일이 번잡해져 업무의 질이 떨어진다고 생각하는 사람이 있습니다. 업무의 질을 올리는 가장 좋은 방법은 경험을 많이 하는 것입니다. 일을 많이 하면 경험이 많이 쌓여 자연스럽게 업무의 질이 높아집니다. 이것은 업무에 국한한 이야기가 아닙니다. 공부도 마찬가지입니다. 많은 양의 공부를 열심히 하면 공부에 요령이 생깁니다. 결국 효율적으로 공부하는 방법을 알게 되어 우수한 성적을 올릴 수 있습니다.

양을 넘어서지 못하면 질도 올라가지 않는다

예를 들어, 일반적인 영업사원이 방문하는 회사가 20개고, 평균 계약성사율이 10퍼센트, 한 달에 2건의 계약을 한다고 가정합시다. 당신의 계약성사율이 일반 영업사원의 절반인 5퍼센트라면 다른 영업사원처럼 20개 회사를 방문해서는 한 달에 1건의 계약밖에 할 수 없습니다. 한 달에 2건의 계약을 하려면 40개 회사를 방문해야 합니다. 그러나 20개 이상의 회사를 방문하는 것은 무리라고 생각해버리고 다른 영업사원과 같이 20개 회사만 방문하면 한 달에 2건 이상의 계약을 할 수 없습니다. 즉, 발전이 없습니다. 이런 경우에는 '실력이 안 되니 몸으로 때운다'라는 각오로 40개 회사를 방문해 영업해야 합니다.

그러면 당신은 일반적인 영업사원의 두 배에 해당하는 실패를 경험할 것입니다. 실패를 많이 하면 그만큼 경험치가 올라갑니다. 다양한 고객을 만나면서 고객을 다루는 비결을 터득하게 되어 자신만의 영업 노하우가 생깁니다. 시간이 지나면서 점점 계약률이 올라갑니다. 계약률이 10퍼센트로 상승하면 20개 회사에 영업하는 것만으로도 2건의 계약을 할 수 있습니다.

그 다음이 중요합니다. 남들처럼 2건의 실적만 올리면 된다는 생각에 20개 회사만 영업해서 만족하면 안 됩니다. 효율적인 영업비결을 터득하면 40개 회사가 아니라 50개, 60개 회사와 영업을 할 수 있는 능력이 생깁니다. 계약률이 올라간 상태에서 많은 회사에 영업하면 남들보다 뛰어난 영업 실적을 올릴 수 있습니다.

영업력이 강한 회사는 숫자를 중시합니다. 특히 고객과 만나는 횟수를 중요하게 생각합니다. 계약률이 낮아도 많은 고객을 만나면 영업목표를 달성할 수 있고, 다양한 실패를 통해 영업력이 향상되어 계약률이 높아진다는 것을 경험을 통해 알고 있기 때문입니다.

앞서 말했듯이 이것은 영업에 국한한 이야기가 아닙니다. 어떤 일이든지 많이 하면 요령이 생겨 효율이 올라갑니다. 숙달되면 일처리 속도가 빨라져 더욱 많은 일을 처리할 수 있고 결과물의 수준도 높아집니다. 양을 넘어서야 질이 향상됩니다.

만점이 아니라 합격을 목표로 일하라

처음에는 양과 질의 균형이 잡히지 않아 불안합니다. '업무의 질이 낮아도 할 수 없다, 양으로 승부하자'라는 생각은 바람직하지만 질이 너무 떨어지면 안 됩니다. 어느 정도의 수준은 유지해야 합니다.

경험치가 낮은 시기에는 만점주의가 아니라 합격주의로 일을 해야 합니다. 입시 공부와 마찬가지로 생각합니다. 입학시험의 목적은 합격이지 만점이 아닙니다. 만점을 받으나 겨우 합격점을 받으나 결과는 모두 합격이기 때문입니다.

업무도 마찬가지입니다. 의뢰인의 요구 수준 이상으로 훌륭한 결과물을 만들려고 하기보다는 '합격'을 목표로 일합시다. 물론 의뢰인이 요구하는 수준보다 높은 수준의 결과물을 낼 수 있다면 더할 나위 없이 좋습니다. 다음 일에도 영향을 미치므로 매우 바람직합니다. 그러나 완벽을 추구하면 시간이 많이 걸려 많은 일을 할 수 없습니다. 경험치도 높일 수 없습니다. 경험치가 낮으면 실력이 향상되지 않습니다. 고품질의 결과물을 제공할 수 없습니다.

처음에는 어설퍼서 창피를 당할지 모르지만 그래도 많은 양으로 승부해야 합니다. 반복해서 강조하지만, 즉시 실행해서 양을 늘려야 질이 높아집니다. 어떤 일이든 많이 해본 사람이 잘합니다. 명심합시다.

양을 늘리면
질도 따라서 올라갑니다.
만점이 아니라
합격을 목표로!

실행하면 사라지는 스트레스의 비밀

업무를 하다가 실수를 했을 때, 고객에게서 불만 소리를 들었을 때, 인간관계가 원만치 않을 때는 기분이 침울해지고 기운이 빠집니다. 사회생활을 하는 사람이라면 누구에게나 흔히 있는 일입니다.

피로감, 피폐감, 폐색감.

이 세 가지를 '현대 비즈니스맨의 3P'라고 합니다. 이런 3P를 느끼면 스트레스가 쌓여 의욕이 떨어집니다. 아무것도 하기 싫은 무기력증에 빠집니다. 머리는 일을 해야 한다고 생각하지만 몸이 따라주지 않습니다.

일로 쌓인 스트레스는 일로 풀어야 한다

의욕이 안 생긴다고 일을 안 할 수는 없습니다. 일을 미루면 미룰수록 작업기한에 쫓겨 스트레스만 쌓입니다. 직접 일에 착수해서 끝내지 않으면 해결되지 않습니다.

일로 쌓인 스트레스는 일로 해소해야 합니다. 싫어하는 일을 맡으면 빨리 시작해서 먼저 끝내고 거기에서 해방되어야 합니다. 적극적인 자세로 일을 처리해서 스트레스의 원인을 줄이는 것입니다.

저도 예전에는 스트레스를 잘 받았습니다. 그러나 지금은 내성이 생겨 어지간한 일에는 스트레스를 받지 않습니다. 스트레스를 느끼지 못한다기보다 스트레스에 대처하는 방법을 알고 있습니다. 스트레스의 원인을 해결해야 스트레스에서 해방됩니다. 저는 스트레스가 쌓이면 아무 생각도 하지 않고 일에 집중합니다. 스트레스를 잊을 정도로 일에 몰두하면 자연히 스트레스가 해소됩니다. 그러면 기분 좋게 다음 일에 착수할 수 있습니다.

인간관계에서 생기는 스트레스는 해결하기가 만만치 않습니다. 스트레스의 원인이 일이 아니고 인간이므로 혼자서 해결하려고 노력해도 쉽지 않습니다. 이럴 때는 능동적으로 인간관계를 개선하기 위해 나서야 합니다. 혼자서 해결하기 힘들면 주변 사람들과 상담하고 도움을 청합시다. 정신적으로 힘든 시간은 되도록 짧게 끝내는 단기 결전으로 임합시다.

직장생활과 사생활의 적절한 조화를 이루자

일에 집중해서 스트레스를 푸는 방법은 가장 무식한 방법입니다. 그런데 의외로 스트레스가 잘 풀립니다.

이 방법 외에 자기 나름의 스트레스 해소법을 만들어야 합니다. 행동하는 사람은 업무수행 능력이 뛰어나 맡은 일을 빨리 해치웁니다. 잔업이 없어져 업무시간이 끝나면 정시에 퇴근할 수 있어 개인시간을 잘 활용할 수 있습니다. 개인시간을 잘 활용하면 스트레스가 사라집니다. 다음 업무도 기분 좋게 해냅니다.

정해진 시간에 일을 마치고 업무와 관련 없는 사람들을 만나 기분전환을 하거나 일찍 귀가해서 가족과 단란한 시간을 보내면 스트레스가 풀립니다. 영화를 보거나 취미생활을 하는 등 직장생활의 긴장을 풀어주는 시간을 가져도 좋습니다. 직장생활과 사생활의 적절한 조화를 이루어 자기만의 스트레스 해소법을 만듭시다.

일 때문에
쌓인 스트레스를 풀려면
그 일을 재빨리 해치워
홀가분하게 해방되는 길이
최선의 방법입니다.

잘 모르겠습니다, 도와 주세요

열심히 기술을 연마하고 지식을 쌓고 자격증을 따도, 성공이나 실패를 경험하지 못하면 성장할 수 없습니다. 이것이 바로 신입사원이 선임자를 따라잡을 수 없는 이유입니다. 신입사원에 반해 선임자는 경험이 많습니다. '이 일은 이렇게 해야 잘 된다' '이렇게 하는 것이 빠르다' 하고 경험으로 판단합니다. 신입사원의 입장에서 보면 선임자는 경이로운 존재입니다.

그러나 선임자도 처음에는 경험 없는 신입사원이었습니다. 아무리 위대한 인물도 처음에는 초보자입니다. 노련한 비즈니스맨도 신입사원일 때는 실수와 실패의 연속이었습니다. 성공하려면 남보다 많이 경험을 쌓아야 합니다. 지금 서툴다고 소극적으로 대처하거나 회피해서는 안 됩니다. 직접 하지 않으면 경험을 쌓을 수 없습니다.

지금! 결단! 하는 힘을 길러라

경험이 얼마 없어 판단과 일처리가 느린 경우 어떻게 극복해야 할까요? 경험이 부족하면 많은 경험에 필적하는 정보를 수집하거나 유경험자^{전문가}를 이용합니다. 자신의 업무에 관련된 정보를 열심히 수집하거나, 전문가나 선배에게 물어보면 해결할 수 있습니다.

15년 전 제가 유학 비즈니스를 처음 시작했을 때, 저는 유학 경험도 없었고 유학 비즈니스에 종사한 이력도 없었습니다. 새로운 유학 비즈니스 모델 달랑 하나 가지고 미련하게 일을 시작했습니다. 사업의 큰 그림은 그렸지만 세부적인 일은 잘 몰랐습니다. 경험이 없다고 손 놓고 있을 수는 없는 노릇이었습니다. 궁금한 점은 같은 업종에 종사하는 선배에게 가르침을 청했습니다. "선배님, 알려주세요" 하고 매달리며 유학 비즈니스의 노하우를 하나하나 터득했습니다. 미국에 사무실을 열 때는 현지 전문가의 도움을 받았습니다. 전문가에게 돈을 지불했지만 그만큼 가치가 있었습니다. 시행착오를 거치는 시간이 절약되고 이것저것

배울 수 있었습니다. 너무 많은 질문을 하는 바람에 그 전문가가 넌더리를 냈습니다. 전문가에게 질문할 사항을 목록으로 만들었을 정도입니다. 결국 투자 이상의 효과를 거두었습니다. 이렇게 열의를 보이면 상대방도 감동해서 하나라도 더 알려주려 합니다.

저는 정보 수집에도 매진했습니다. 당시는 인터넷이 보급되기 전이어서 지금처럼 검색을 통해 간단히 정보를 수집할 수 없었습니다. 자금이 넉넉하지 못했지만 창업 초기부터 과감하게 미국에 현지 사무실을 열었고, 직접 미국 대학들과 접촉해서 경쟁 회사가 입수하지 못한 정보를 수집했습니다. 말이 사무실이지 직원 한 명에 책상 하나, 컴퓨터 한 대, 전화기 한 대가 고작이었습니다.

후발주자인 우리 회사는 타사가 감히 넘볼 수 없는 압도적인 정보량으로 승부했습니다. 경험이 일천해도 타사에는 없는 자신만의 정보를 보유하고 있으면 고객이 모입니다. 창업 초기에는 막대한 정보를 앞세워 영업했지만 경험이 쌓이면서 정보와 경험이 어우러져 좋은 성과를 올릴 수 있었습니다.

끊임없이 질문하고 정보를 보아라

경험 부족을 솔직히 인정하면 정보는 얼마든지 입수할 수 있습니다. 경험이 적은 사실을 숨기려고 아는 척을 하면 자존심은 살지만 실속이 없습니다. 아둔한 행동이지요. 자존심을 버리고 경험 있는 사람에게 "경험이 없습니다, 가르쳐주세요" "잘 모르겠습니다, 도와주세요"라고 솔직하게 부탁하면 "가르쳐드리겠습니다" "도와드릴게요" 하며 도움을 주는 사람이 나타납니다. 당신이 상대방에게 모른다고 솔직히 말하지 않으면 상대방은 당신이 다 알고 있다고 생각해서 아무것도 가르쳐주지 않습니다. 허세를 부려 잘난 척하면 얻는 것이 아무것도 없습니다. 항상 낮은 자세로 배우려 들어야 실속이 있습니다.

모르는 것을 모른다고 정직하게 밝히고 열심히 배우면 유용한 정보를 얻을 뿐만 아니라 인맥도 넓어집니다. 당신의 열의에 감동한 사람들이 당신의 그러한 모습을 좋아하게 되어 더욱 적극적으로 도와줍니다.

끊임없는 질문으로 정보를 수집하고 그 정보를 사용해 경험치를 높입시다. 질문이 성공의 원천입니다.

리더십은
행동하는 힘에서 나온다

제 주변의 성공한 사람들은 "완벽하지 않아도 좋아, 무조건 행동으로 옮겨라, 일단 실천하고 볼 일이야"라고 입버릇처럼 강조합니다. 실천하지 않으면 아무 피드백도 얻을 수 없기 때문입니다. 실천해서 얻은 피드백을 활용하는 것이 완벽함보다 중요합니다.

조직을 운영하는 리더도 마찬가지입니다. 혼자가 아닌 조직을 이끌면서 말이 아닌 행동으로 모범을 보인다면 개인적인 차원의 실행보다 더 큰 성공을 기대할 수 있습니다.

PDCA 사이클을 활용하라

이상적인 조직은 PDCA 사이클Plan→Do→Check→Act을 잘 활용합니다. PDCA 사이클은 구체적인 행동계획Plan을 세우고 실행해서Do, 그 실행에서 얻은 피드백을 검증하고Check 필요에 따라 수정과 개선하여Act 다음 목표설정과 행동계획Plan으로 나아가는 것을 말합니다.

생각에 빠져 즉시 실행하지 않으면 아무것도 얻을 수 없습니다. 무조건 실행에 옮겨야 합니다. 불확실할수록 빨리 실행해서 성공이든 실패든 결판을 내고 거기서 얻은 경험을 다음 일에 적용해야 합니다.

의류업체 유니클로UNIQLO로 유명한 주식회사 패스트테일링 대표인 야나이 다다시柳井正는 저서 『일승구패一勝九敗』에서 이렇게 말했습니다.

"유니클로도 10개의 사업 중 9개는 실패했다. 사업이라는 것은 원래 거의 성공하지 못하는 법이다."

큰 성공을 이룬 유니클로의 야나이 다다시도 일승구패를 할 지경인데 보통 사람들의 성공 확률이 더욱 희박한 것은 당연합니다. 실패를 두려워하지 않으면 언젠가는 성공합니다.

실패해도 꾸준히 도전하고, 즉시 실천하면 언젠가 성공의 여신이 미소 짓습니다. "못 쏘는 대포도 많이 쏘다 보면 적중한다"는 말이 있듯이 포기하지 않고 계속 시도하면 언젠가는 성공합니다. 그 성공을 앞당기기 위해서는 즉시 실행해야 합니다. PDCA 사이클이 빨라지면 경험치도 빨리 올라가 성공할 확률이 커집니다.

아무 생각 없이 무조건 시도하라는 말이 아닙니다. 오랫동안 생각하느라 시간 낭비하지 말고 집중해서 생각하고 빨리 판단을 내리라는 것입니다. 그 과정에서 배운 것을 다음 일로 연결합니다. 처음부터 완벽을 목표로 할 필요가 없습니다. 깊이 생각한다고 큰 효과가 있는 것이 아닙니다. 일단 실행하면 문제점을 파악하기 쉽습니다. 의뢰인의 피드백을 받으면 예상외로 좋은 결과가 나옵니다. 실행하지 않으면 결과가 없습니다. 경험을 쌓을 수 없습니다.

저는 준비가 완전히 되지 않아도 일단 일에 착수합니다. 성공할 가능성이 조금이라도 있으면 확신이 없어도 계획대로 시작합니다. 좀 빨리 착수하면 실패해도 크게 실망하지 않습니다. 시간 낭비를 줄이고 나름대로 얻는 것이 있기 때문입니다.

사람들은 행동하는 리더를 따른다

즉시 행동으로 옮기는 사람은 경험치가 쑥쑥 올라가 실적이 좋아집니다. 따라서 주위의 평판도 좋아집니다.

조직의 리더도 마찬가지입니다. 조직의 리더야말로 솔선해서 당장 실행하는 모습을 행동으로 보여주어야 하며 부하직원에게도 즉시 실행을 장려해야 합니다. 사람들은 실천하지 않는 리더를 따르지 않습니다. 사람들은 모든 일에 총력을 기울여 실천하는 사람을 믿고 따릅니다.

리더든 신입이든 행동하는 사람이 됩시다. 개인이든 조직이든 PCDA 사이클을 적극적으로 활용합시다.

즉시 실행의 요지는
속도를 중시하는 것뿐만 아니라
실패를 두려워하지 않고
경험을 축적하는 것!

좋은 아이디어는
실행해 봐야 안다

아무리 좋은 아이디어도 실행하지 않으면 탁상공론에 불과합니다. 비즈니스는 얼마를 버느냐 하는 세계입니다. 아무리 좋은 아이디어라도 실행해서 실적을 올리지 못하면 아무 의미가 없습니다.

좋은 아이디어라고 해도 반드시 성공하지는 않습니다. 좋은 아이디어는 성공할 확률이 높지만 실패할 가능성이 아주 없지는 않습니다. 큰 회사인 유니클로도 일승구패였습니다. 망설이지 말고 일단 도전합시다.

아이디어는 떠오른 즉시 기획서로 만들라

아이디어는 아이디어에 그치지 말고 즉시 실행해야 합니다. 좋은 아이디어는 처음에 실패해도 피드백을 검증해 조금 수정하면 엄청난 아이디어로 바뀌는 경우가 자주 있습니다. 아이디어를 품고 있거나 멋 부릴 생각을 하지 말고 즉시 실행합시다.

아이디어가 생각나면 가장 먼저 기획서나 사업계획서로 만듭니다. 기획서나 사업계획서로 만들면 '이 아이디어가 사회에 필요한 것인가? 니즈가 있는가? 시장 규모는 어느 정도인가? 타사와 비교해서 우위성이 있는가? 비용은 얼마나 드는가?' 등 고려해야 할 사항이 줄줄이 나옵니다.

아이디어를 기획서나 사업계획서로 만들면 필요한 사항과 장단점이 보입니다. 현실에 한 발 다가갈 수 있습니다. 아이디어가 떠오른 시점에는 문제점이 보이지 않습니다. 실제로 계획서를 만들어보면 문제점이 구체적으로 드러납니다.

기발하고 참신한 아이디어가 있어도 구체적인 사업계획서를 만들지 않으면 그 아이디어는 그저 생각에 불과합니다. 아무 성과도 낼 수 없습니다. 사업은 사업계획서에 의거해 실행합니다. 사업계획서가 없으면 사업을 추진할 수 없습니다.

아이디어가 생각나면 일단 사업계획서를 만듭시다. 대충 만듭시다. 대단하다고 생각한 아이디어도 사업계획서를 만들면 절

반 이상이 파기됩니다. 그래도 좋습니다. 사업계획서를 작성하는 단계에서 포기할 정도의 아이디어라면 실제로 사업을 펼쳐도 잘 되지 않습니다. 실제로 사업을 펼치지 않게 되었으니 돈과 시간을 절약했다고 생각하고 과감히 포기합시다.

즉시 동료를 모아라

기획서나 사업계획서를 작성하는 효과로서 경험만 생기는 것이 아니고 협력자도 생깁니다. 사업은 혼자 하는 것이 아닙니다. 어떤 사업이든 협력자가 있어야 성공할 수 있습니다. 사업을 추진하려면 각 부문에서 각자의 역할을 수행할 협력자가 필요합니다.

"좋은 아이디어가 있다"라고 말로만 해서는 협력자가 모이지 않습니다. 협력자를 모으려면 구체적으로 설명할 수 있는 기획서나 사업계획서가 필요합니다. 사업계획서를 만들면서 필요한 사람들을 모으십시오. 능력 있는 사람들과 힘을 합쳐야 성공할 수 있습니다.

나의 선언

2007년에 『즉시 실행하는 사람의 사고방식과 업무방식』이라는 책을 출간한 이래 저의 인생 키워드는 '즉시 실행'이었습니다. 저는 그 책을 쓰기 전에도 맡은 일을 즉각 행동으로 옮기는 편이었지만, 그 책을 낸 뒤 '즉시 실행'이라는 말에 덜미를 잡혀 어떤 일이든 바로 실행할 수밖에 없었습니다.

저는 제가 즉시 실행하는 사람이라고 생각했는데, 의외로 그렇지 않은 부분이 많았습니다. 책을 씀으로써 비로소 즉시 실행하는 사람이라고 선언하는 꼴이 되었습니다. 자신이 한 말을 책임져야 한다는 생각에 무슨 일이든 곧바로 실행하게 되었습니다.

"나는 즉시 실행하는 사람이다"라고 주변 사람들에게 선언합시다. 즉시 실행해야만 하는 환경을 스스로 만들어냅시다.

즉시 실행하기를 규칙으로 만들어라

제가 그 책을 쓰고 나니 "나는 즉시 실행하는 사람이다"라고 선언하는 격이 되었습니다. 양치기 소년이 되지 않으려면 책의 내용대로 무엇이든 즉각 실천해야 했습니다. '즉시 실행'이라는 선언은 저에게 심리적 압박이 되었습니다.

"즉시 실행한다"는 이 말이 단순한 선언에 그치지 않도록 자신만의 룰을 만들어야 합니다. 즉시 실행하는 구체적인 규칙을 만들어야 합니다. 규칙으로 만들면 '이것을 해야 하나' 하고 고민하거나 망설이지 않게 됩니다. 규칙은 무조건 지켜야 하니까, 어떤 일이든 즉시 실행하게 됩니다. 저는 "어떻게 해야 즉시 실행하는 사람이 됩니까?"라는 질문을 받으면 "즉시 실행하기를 규칙으로 만드십시오"라고 바로 대답합니다. 규칙으로 만들면 반드시 절대적인 효과가 있습니다. 꼭 실천하십시오.

사람은 말한 대로 행동하고
그 말에 책임을 지게 마련입니다.
즉시 실행하는 사람이 되겠다고
큰 소리로 외치세요!

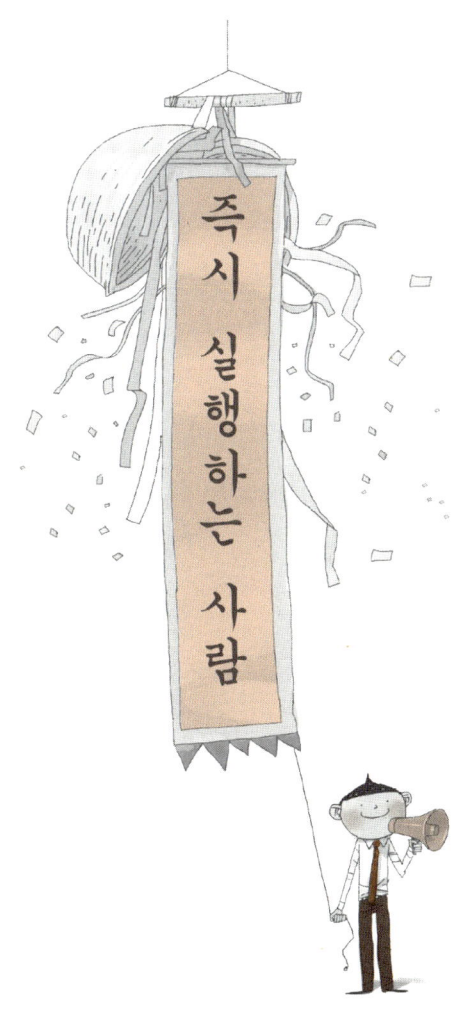

가장 중요한 성공 비결은
생각 즉시 실행하는 습관입니다.

제2부

생각과
행동 사이의
습⋯⋯⋯⋯관

업무 준비는
출근시간에

여러분은 매일 출근시간을 어떻게 보내십니까? 전철이나 버스에서 좁니까? 신문이나 책을 읽습니까? 스마트폰을 들여다봅니까? 아니면 그냥 멍하게 아무 생각 없이 출근합니까?

운동을 하기 전에는 준비운동이 필요합니다. 일도 마찬가지입니다. 본격적으로 업무에 착수하려면 사전에 준비가 필요합니다. 회사에 도착해서 바로 일을 시작하려면 출근시간을 활용해야 합니다.

"근무시간도 아닌 출근시간에 일을 하라고요? 농담하십니까?" "출근시간 정도는 마음대로 하게 그냥 내버려둬요" 하고 비아냥대고 싶은 사람도 있을 것입니다.

제 말은 개인적인 시간에도 일을 하라는 뜻이 아니고 빨리 시작하고 빨리 끝내기 위해 출근시간을 활용하자는 것입니다. 출근하자마자 곧바로 업무에 착수해서 빠르고 효율적으로 일을 끝낸 뒤 일찍 퇴근하면 좋지 않을까요?

저는 출근시간에 수첩이나 스마트폰에 입력된 일정을 체크하며 오늘 해야 할 일을 떠올립니다. 그 내용을 정리해서 스마트폰으로 '내게 쓰기' 이메일을 보냅니다.

보통 한두 개 정도를 보내지만 할 일이 많으면 10개 정도 보내기도 합니다. 이메일 제목은 '○○에게 전화하기' '○○ 관련자료 작성' 같이 구체적으로 씁니다. 회사에 도착하자마자 이메일을 체크하고 오늘 할 일인 'To Do 리스트'를 만듭니다.

수첩 일정표에 오늘 일정을 적지만 상세한 To Do까지는 적지 않습니다. '내게 쓰기' 이메일과 'To Do' 이메일을 보내면 사무실에 도착함과 동시에 업무에 돌입할 수 있고 당장 구체적인 행동으로 옮길 수 있습니다. 즉, 스타트 대시를 할 수 있습니다. 출근시간에 그날 해야 할 일을 떠올리며 To Do 이메일을 보내면 머리는 이미 업무 모드로 들어갑니다. 이것이 업무 준비운동입니다.

To Do 이메일을 보내고 시간이 남으면 스마트폰으로 트위터, 페이스북을 하거나 비즈니스 관련 뉴스를 확인합니다. 이러면

출근시간이 눈 깜짝할 사이에 지나갑니다. 출근시간이 길면 업무 준비뿐만 아니라 공부도 할 수 있습니다. 출근에 1시간 30분이 걸린다면 출·퇴근에 왕복 3시간이 걸리고, 일주일이면 15시간, 한 달이면 60시간이나 공부할 수 있습니다.

출·퇴근시간에 스마트폰으로 전자책을 보거나 MP3를 들으며 외국어 공부를 하면 상당한 지식을 쌓을 수 있습니다. 출근시간을 활용해 업무 준비와 공부를 하면 업무 효율이 오르고 실력이 쌓입니다. 출·퇴근시간을 유용하게 사용하는 비즈니스맨이 됩시다.

오늘 일정을 스마트폰으로
'내게 쓰기' 이메일로 보내기.
인터넷으로 필요한 정보 찾기.
외국어 공부, 독서하기 등
출근시간을 활용해
업무 준비와 공부를 한다.

메일은 읽기 전에
답장 버튼을 먼저 누른다

지금은 누구나 이메일을 사용합니다. 요즘에는 무선 네트워크와 스마트폰 등으로 언제 어디서나 이메일을 확인하고 보낼 수 있습니다. 이메일을 잘 활용해야 뛰어난 비즈니스맨이 될 수 있습니다. 저는 받은 이메일을 빨리 회신하는 사람이 일을 잘하는 사람이라고 생각합니다.

이메일은 쌍방향 커뮤니케이션 도구입니다. 받은 이메일을 빨리 회신하지 않으면 이메일을 보낸 사람의 일이 진전되지 않습니다. 받은 이메일은 되도록 빨리 답장해야 업무에 효율이 오릅니다. 이메일을 받고 즉시 회신하면 답장을 받은 사람은 상대방이 '일처리가 빠르다' '성실하다'라는 인상을 받습니다. 자신이 보낸 이메일에 답장이 빨리 오면 빨리 올수록 기뻐합니다.

예전에 어느 거래처 직원이 "도요다 씨에게 이메일을 보내면, 보냈다고 생각한 순간에 답장이 와요. 일처리가 초고속입니다"라고 웃으며 말했습니다. 어느 독자에게서 이메일을 받았을 때는 받은 즉시 답장을 보냈더니 그 사람에게서 "헉! 이럴 수가, 우사인 볼트보다 빠르네요. 고맙습니다"라는 감사의 답장도 받았습니다.

저의 졸저 『즉시 실행하는 사람의 사고방식·업무방식』에서 저는 받은 이메일에 즉시 회신하는 방법으로 "우선순위를 정하지 말고 받은 순서대로 답장한다"라고 했습니다. 보통은 받은편지함을 열어 우선 받은 메일을 전부 읽고 '어느 것부터 먼저 답장을 할까' 하고 생각한 다음 하나씩 답장을 보냅니다. 그러나 그렇게 하면 시간을 낭비하는 셈입니다. 받은 메일을 처음에 한 번 읽고 답장할 때 또 읽어야 하기 때문입니다. 같은 이메일을 두 번 읽으니 비효율적입니다.

저는 받은편지함을 열어 메일을 받은 순서대로 회신합니다. 제목을 순서대로 읽으면서 답장할 필요가 없는 메일은 다른 메일함으로 보내고, 회신해야 할 메일은 읽자마자 답장합니다. 답장이 끝나면 받은 메일을 다른 폴더로 옮겨서 수신함의 메일을 전부 비우고 종료합니다.

물론 곧바로 답장할 수 없는 메일도 있습니다. 그런 메일도 일단 답장을 보냅니다. "이번 건은 빨리 확인해서 ○○일 △△시까지 연락드리겠습니다"라고 간단히 적어 보냅니다. 이렇게 회신하지 않으면 메일을 보낸 사람은 받는 사람이 자신의 메일을 읽었는지 안 읽었는지 모르는 경우가 생기고 ^{이메일 서비스 제공 회사에 따라 수신확인 기능 제공 여부는 다릅니다} 언제 답장을 받을지 몰라 업무 계획을 세울 수 없습니다.

메일을 받은 순서대로 회신하기로 마음먹은 저도 받은 메일을 읽으면서 '이것은 답장을 해야 하나?'라는 생각에 답장 버튼 누르기를 주저할 때가 있습니다.

최근에는 더욱 진화된 답장 방법을 찾았습니다. 받은 메일을 읽기 전에 '답장' 버튼을 먼저 누르는 것입니다. 이렇게 하면 답장 쓰기 화면이 뜨는데, 받은 메일의 원문 내용을 읽은 뒤 바로 답장을 보낼 수 있습니다. 이 방법을 사용하면 답장을 할까 말까 주저하는 일이 완전히 사라집니다. 이 방법은 매우 유용합니다. '답장' 버튼을 누르면 무조건 답장을 쓰게 됩니다. 이 방법을 사용하면 어떤 사람이든 답장 쓰기가 빨라집니다. 꼭 시도해 보십시오.

받은 이메일은
읽기 전에 답장 버튼을 누르고,
받은 순서대로 답장한다.
그러면 상대방이 기뻐하고
일의 효율이 높아진다.

수첩이 가장 빠르다

저는 일정을 관리하는 도구로 구글 캘린더Google Calendar를 사용합니다. 컴퓨터와 스마트폰을 동기화해서 집이나 사무실, 어디서든 일정을 체크할 수 있게 해놓았습니다. 제가 일하는 2개 회사의 직원이 저의 일정을 공유합니다. 담당 직원들이 저의 일정을 체크해서 새로운 일정을 입력합니다.

구글 캘린더만 써도 일정관리는 충분하기 때문에 수첩이 따로 필요 없습니다. 그래도 수첩에도 일정을 적습니다. 컴퓨터나 스마트폰으로 구글 캘린더를 보려면 프로그램을 열기까지 시간이 걸립니다. 그러나 수첩을 펼치면 순식간에 이번 주, 다음 주, 그 다음 주의 일정이 한눈에 보입니다. 성질 급한 저에게는 딱입니다. "다음에는 며칟날 만날까요? 다음 주는 시간이 있나요? 다음다음 주는 어떤가요?"라고 의논할 때 컴퓨터나 스마트폰의 구글 캘린더를 확인하기보다 수첩을 펼치는 편이 더 빠르고 한눈에 보입니다.

생각 즉시 실행하는 데는 수첩이 더 유용합니다. 수첩은 일정 관리 프로그램에 비해 구닥다리 같고 촌스러워 보입니다. 그러나 실제로 사용해 보면 매우 편리합니다. 스마트폰도 편리하지만 수첩은 일정을 바로 확인할 수 있고 새로운 일정도 즉시 그 자리에서 바로 적을 수 있습니다.

저는 7년 동안 같은 종류의 수첩을 사용하고 있습니다. 이 수첩은 하루 치와 일주일 치의 일정을 적을 수 있게 구성되어 있습니다. 하루 일정을 바로 알 수 있고 한 주의 일정도 한눈에 들어옵니다. 7년 동안 같은 수첩을 사용했기 때문에 사용방법이 매우 익숙합니다.

제가 수첩을 애용하는 이유는 그냥 척 펼치기만 해도 일주일의 일정이 한눈에 들어오기 때문입니다. 주말에는 다음 주의 일정을 보며 어떤 일을 해야 할지 생각합니다. 그리고 어느 정도 속도로 일을 진행해야 하는지 머릿속에 그립니다. 평일에는 집을 나서기 전에 수첩을 보며 오늘은 무엇을 해야 하는지, 하루를 어떻게 보낼지 떠올립니다. 수첩을 사용해 머릿속에 일정을 그러면 전체를 고려한 업무 배분이 가능합니다. 일정을 확인하며 잊은 것은 없는지, 빠뜨린 것은 없는지 체크하면 나중에 허둥대지 않습니다.

수첩에 일정이나 할 일을 적는 행위는 구체적인 행동입니다. "수첩에 꿈을 적기만 해도 꿈이 실현된다"라는 말이 있습니다. 수첩에 적는 것은 '예정' 즉, '미래의 행동'입니다. 목표를 달성하려는 염원이자 구체적인 실행입니다. 수첩에 적는 일이 꿈을 실현하는 원천입니다.

실행하지 않으면 목표를 달성할 수 없습니다. 수첩에 구체적인 행동을 기록하고 그것을 성실히 실천하면 목표에 가까워집니다. 수첩에 적기만 해도 목표가 그저 목표로 그치지 않고 꿈이 꿈으로 끝나지 않습니다.

수첩은
일정관리 프로그램이나
스마트폰 앱보다 빠르고 인간적이다.
손으로 기억하는 일정과 목표는
자신의 꿈과 열정을
상기시켜 준다.

일에도
예습이 필요해

배우는 관객 앞에서 단 몇 분 동안 연기를 보이려고 몇 십 배, 몇 백 배 많은 시간을 들여 연습합니다. 운동선수도 몇 분 동안의 게임을 위해 일 년 내내 운동에 전념합니다. 보이지 않는 곳에서 얼마나 열심히 노력하고 준비하느냐에 따라 연기의 질이나 경기력의 수준이 달라집니다.

일도 마찬가지입니다. 업무의 성패도 사전 준비를 얼마나 철저히 하느냐로 결정됩니다. 특히 프레젠테이션을 할 때는 준비 단계에서 여러 가지를 조사해서 자료를 만들고 어떻게 발표할지 생각하며 실전에 대비해야 합니다. 철저히 준비하지 않아도 대충 넘어갈 수 있지만 미리 빈틈없이 준비하면 마음에 여유가 생겨 자신의 능력을 십분 발휘할 수 있습니다. 그러나 비즈니스맨이 연기자나 운동선수 같이 실전에 소요되는 시간의 몇 십 배를 업무 준비에 사용하는 것은 사실 비효율적입니다.

제가 권하는 업무 준비 방법은 잠자리에 들기 전과 출근시간 동안에 수첩을 보면서 그날 해야 할 일을 시뮬레이션하는 것입니다. 시뮬레이션을 하면서 몇 가지 해결방안을 미리 준비해서 머릿속에 저장합니다.

미리 준비한 뒤 일을 시작하면 원활히 진행됩니다. 업무 도중에 문제가 생겨도 미리 준비한 다른 방법을 써서 즉시 대응할 수 있습니다. 그러면 완성도 높은 업무 결과를 얻을 수 있습니다. 저는 이러한 사전 준비가 반드시 필요하다고 생각합니다.

공부에도 예습과 복습이 있습니다. 예습을 하지 않고 수업에 들어가면 수업 내용을 이해하기 힘듭니다. 예습을 하지 않으면 수업 때 처음 듣는 내용이므로 열심히 들어도 이해하기 힘듭니다. 이러면 나중에 복습을 한 후에야 겨우 이해할 수 있습니다. 예습을 하면 수업 중에 선생님의 이야기를 쉽게 이해할 수 있어 마음의 여유가 생깁니다. 게다가 복습까지 하면 더욱 이해가 깊어져 응용문제까지 풀 수 있습니다. 즉, 예습을 하면 수업 중에 이해력이 높아지고 복습을 하면 더욱 높은 수준에 다다를 수 있습니다.

업무도 공부와 마찬가지입니다. 미리 시뮬레이션을 해서 철저히 준비하면 순조롭게 진행됩니다. 사후에 문제가 발생할 확률도 줄어듭니다. 뒤처리해야 할 일이 많으면 다음 일에 착수하기 힘들고 업무가 적체됩니다. 업무 적체를 피하려면 미리 준비해야 합니다.

공부에도 예습과 복습이 있듯이,
일에도 사전 준비가 필요하다.
잠자기 전이나 출근 시간 등을 활용해
할 일에 대해 시뮬레이션하여
몇 가지 방책을 세워둔다.

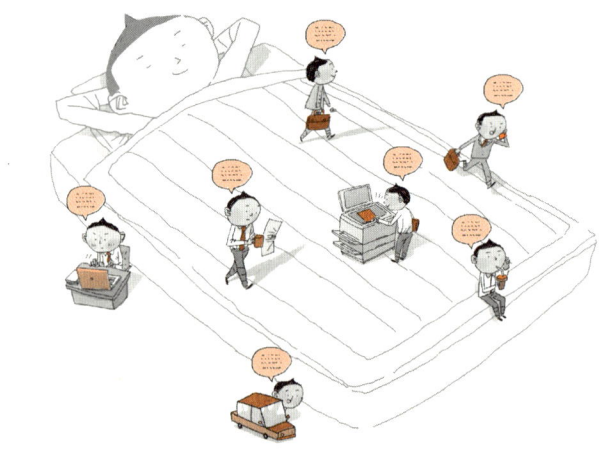

쌓여 있는 서류는 당장 버려라

당장 일을 해야 하는데 필요한 서류가 보이지 않아 "그 서류 어디 있지?" 하며 책상 여기저기를 뒤져도 좀처럼 찾지 못한 경험이 있지 않습니까? 필요한 서류를 바로 찾지 못하면 업무가 지체됩니다. 즉시 실행하는 사람이 되려면 서류 정리를 잘해야 합니다.

이사할 때 살림살이를 꺼내어 포장을 하다보면 생각지도 않던 물건이 엄청나게 나옵니다. 당시에는 '나중에 쓸 일이 있겠지' 하는 생각에 버리지 않았지만, 시간이 지난 뒤 꺼내보면 전혀 사용하지 않았고 필요도 없습니다. 누구나 이런 경험이 있을 것입니다.

제가 25살 때, 20년 동안 살던 집이 화재로 불타버렸습니다. 집의 반 정도가 탄 뒤 화재가 진압되었습니다. 다행히 다친 사람은 없었지만 그 집에서 더 살 수는 없었습니다. 예정된 이사가 아니라 사고로 인한 이사였기 때문에 꼭 필요한 것만 다음 집으로 가져갔습니다. 필요 없다고 생각되는 물건은 모두 버렸습니다. 버릴 물건을 마당에 쌓아놓고 보니 높이가 건물 2층 정도 되었습니다. 저는 '이렇게 많은 물건이 집 안에 있었나' 하고 놀랐습니다. 필요 없는 물건의 양은 상상을 초월할 만큼 많았습니다.

　사무실에 쌓여 있는 서류도 비슷합니다. 반드시 보관해야 하는 서류도 있지만 불필요한 서류가 더 많습니다. 저는 무엇이든 잘 모아두지 않습니다. 불필요한 물건은 가능하면 그때그때 버립니다. 저는 정리정돈을 잘하는 사람이 아니라서 쌓인 물건이나 서류는 주저 없이 버립니다.

　주변이 늘 단정하게 잘 정리되어 있어야 일하기 편합니다. 책상 위가 어지러우면 일에 효율이 오르지 않습니다. 당시에는 보관해야 할 서류라고 생각해서 보관해두었더라도 시간이 지나면 쓸모가 없음을 확실히 알게 되는 서류가 많습니다. 그래서 저는 시간을 정해 쌓인 서류를 정기적으로 버립니다. 한 달이나 두 달에 한 번은 쌓인 서류를 분류해서 필요 없는 것은 버립니다. 쌓인 서류를 정리해보면 보관해야 할 서류는 겨우 10~20퍼센트에 불과합니다. 거의 대부분 버리게 됩니다.

지금까지 서류를 버린 뒤 후회한 경우는 거의 없습니다. 불필요한 서류가 없어지면 필요한 서류를 손쉽게 찾을 수 있고 바로 업무에 착수할 수 있기 때문에 버리길 잘했다는 생각이 듭니다. 만약 서류를 버린 뒤에 '아, 그 서류는 버려서는 안 되는 거였는데……' 하는 생각이 들면 다른 사람에게서 입수할 수 있습니다.

당장 쌓인 서류를 정리해봅시다. 대부분을 버리게 될 것입니다. 쌓인 서류를 정리하면 손쉽게 서류를 찾을 수 있어 즉시 실행하는 사람이 될 수 있습니다.

서류는 시간을 정해
정기적으로 정리하고 버린다.
대부분의 서류는
대개 필요 없는 것들이다.

일상적인 일은
패턴화하여 단순하게

누구든 아침에 일어나서 하는 행동은 습관화되어 있습니다. 우리는 보통 잠에서 깨자마자 일부러 '오늘은 무얼 먼저 할까? 일단 세수부터 하자'라고 생각하지는 않습니다. 따로 생각하지 않아도 아침에 일어나면 세수를 하고 아침을 먹고 옷을 입습니다.

어떻게 생각하지 않고도 틀림없이 행동할까요? 그러한 일련의 흐름이 자신의 생활패턴으로 뿌리내렸기 때문입니다. 시계, 지갑, 수첩, 열쇠 등 늘 쓰는 물건을 일정한 장소에 놓아두고 필요할 때 쉽게 찾는 것과 같은 이치입니다.

아침 행동이 패턴화되어 있지 않으면 안 그래도 정신없는 아침 시간이 더욱 정신없습니다. 우왕좌왕하다 서둘러 집을 나서면 두고 나온 물건이 생각나 낭패를 보기 쉽습니다.

저는 아침 행동과 같이 패턴화할 수 있는 업무는 모조리 패턴화합니다. 자주 사용하는 물건이나 자료는 즉시 찾을 수 있는 장소에 두어 찾으려고 생각하지 않아도 바로 사용할 수 있게 만듭니다.

명함 관리를 예로 들어 보겠습니다. 어떤 명함을 꺼내보아야 할 때 쌓아둔 명함을 모두 끄집어내어 일일이 찾는 것은 시간 낭비입니다. 엑셀 프로그램으로 명함 내용을 일목요연하게 정리하거나 명함관리 프로그램 또는 어플리케이션을 다운받아 명함 내용을 입력해 인적 데이터베이스를 만들어두면 클릭 한 번으로 원하는 사람의 정보를 모두 알 수 있습니다. 명함을 찾는 데 시간을 낭비하지 않아 아주 효율적입니다. 명함이 필요할 때 명함을 찾지 못하면 일을 할 수 없으므로 명함 관리는 매우 중요합니다. 이렇게, 생각하지 않아도 클릭 한 번으로 해결하는 패턴을 만듭시다.

거래처와 만날 장소를 물색하거나 출장지에서 숙소를 수배하거나 업무에 관한 정보정리 같은 작은 일도 패턴화합시다. 그런 일을 할 때 필요한 웹사이트를 인터넷 브라우저 '즐겨찾기'에 등록합니다. '접대 장소' '출장지 숙소 수배' 등으로 이름을 붙여 폴더를 만들고 용도에 맞게 패턴화합니다. 이런 식으로 폴더만

추가하면 인터넷의 모든 사이트를 일목요연하게 정리할 수 있습니다. 업무에 효율이 올라갑니다.

인간의 뇌 용량에는 한계가 있습니다. 머리를 써야 하는 일에 집중하려면 굳이 생각하지 않아도 되는 소소한 일들은 패턴화해서 단순화합시다. 패턴화할 수 있는 사항은 모두 패턴화합시다. 패턴화하면 업무가 단순해져 일처리가 빨라집니다.

일처리는 속도가 중요합니다. 용도에 맞게 자신만의 패턴을 만들면 일이 아무리 많아도 즉시 대응할 수 있습니다. 간단하다고 생각했던 일이 예상 밖으로 시간이 많이 걸리거나 정기적으로 하는 일에 시간이 많이 걸리면 효율이 좋은 구조로 바꿔야 합니다. 패턴화하는 습관을 들이면 일처리가 빨라지는 것을 실감할 수 있습니다.

자주 하는 일,
정기적으로 하는 일,
소소한 일은 모두
패턴화 하여 단순하게 해놓자.
그러면 일처리도 빨라지고
진짜 머리를 써야할 때
집중할 수 있다.

몰입 시간을 만들어라

맡은 업무를 빨리 종결하려면 즉시 시작하는 것은 물론이고 충분히 몰입해서 빨리 일을 마무리 지어야 합니다. 저는 여러 가지 일을 동시에 하지 못하기 때문에 해야 할 일이 여러 가지일 경우 순서대로 하나씩 몰입해서 작업합니다.

몰입을 하려면 우선 몰입할 수 있는 시간대를 만들어야 합니다. 저는 아침시간을 활용합니다. 아침이 가장 잘 몰입할 수 있는 시간대입니다. 저는 1시간 정도 일찍 사무실에 출근합니다. 직원들이 출근하기 전이어서 말을 거는 사람이 없고 업무시간 전이어서 전화도 오지 않습니다. 더욱이 아침에는 머리가 맑아서 잔업을 할 때보다 두세 배 효율적으로 일할 수 있습니다.

사실 저는 올빼미형 인간입니다. 얼마 전 한밤중에 선배에게 메일을 보낸 적이 있는데, '일찍 자고 일찍 일어나는 것이 최고'라는 답장을 받았을 정도로 늦게 잤습니다. 그러나 저도 새벽 4시나 5시처럼 너무 이른 시간에 일어나지는 못합니다. 제 나름대로 노력해 정해진 출근시간보다 1시간 전에 회사에 도착합니다. 밤늦게 잠자리에 드는 저도 일찍 일어나는 일이 가능합니다. 아무나 할 수 있습니다.

저는 중요한 일을 하는 동안은 전화를 받지 않습니다. 일에 몰입해야 하는데 전화를 받으면 정신이 산만해져서 일이 빨리 진행되지 않습니다. 외출을 했을 때는 회사로 걸려온 전화는 받지 못합니다. 따라서 외출한 것으로 치면 전화를 받지 않아도 됩니다. 일에 몰입해야 할 때는 자동응답시스템을 사용하거나 다른 직원에게 부탁해서 전화가 오면 대신 받아서 메시지를 남겨달라고 부탁합니다. 휴대전화도 받지 않습니다. 중요한 업무를 할 때는 모든 것을 차단하고 일에만 몰입합니다.

중요한 일을 빨리 처리해야 할 때는 이메일도 들여다보지 않습니다. 일을 끝낸 뒤에야 이메일을 확인합니다. 이메일을 받으면 바로 답장한다고 정했기 때문에 이메일을 확인하면 답장하는 시간이 걸립니다. 지금하고 있는 일 외에 모든 것이 업무의 방해물입니다. 이것저것 신경 쓰면 몰입력이 떨어집니다.

저는 몰입해서 빨리 처리해야 하는 중요한 일이 생기면 집이나 회사를 떠나 혼자서 일할 수 있는 조용한 장소로 가기도 합니다. 휴대전화 덕분에 외부로 나가도 비상연락은 문자로 할 수 있으므로 외부에서 일해도 회사 업무에 큰 지장은 없습니다.

몰입하는 시간을 만들려면 외부와의 접촉을 차단해야 합니다. 긴급한 일이 있을 때 연락이 되지 않으면 문제가 생기므로 휴대전화 문자는 잠시 쉬는 시간에 재빨리 확인합니다.

몰입할 수 있는
환경을 만들기 위해
출근시간보다 빨리 출근한다.
외부와의 접촉을 차단한다.
집중할 수 있는 조용한 장소를 찾는다.

일은 정해진
시간까지만

사람은 누구나 공평하게 하루 24시간을 보냅니다. 우리는 하루 24시간이라는 시간 제약 속에서 살고 있습니다. 사람마다 다소 차이가 있겠지만 일하는 데 8시간, 식사에 2시간, 수면에 6시간, 출·퇴근에 2시간을 쓰며 나머지 6시간은 자유시간입니다. 하루 24시간을 어떻게 활용하느냐에 따라 5년 후, 10년 후 자신의 모습이 달라진다면 어떻게 하겠습니까?

그렇다고 제가 스케줄에 따라 분초를 다투며 빡빡하게 생활하지 않습니다. '노는 것'에서 얻는 것이 많다고 생각하기 때문에 놀 때는 열심히 놉니다. 다만 시간을 헛되이 보내지는 않습니다. 쓸데없는 시간 낭비는 절대로 하지 않습니다. 매순간 충실하려고 노력합니다.

　회의나 미팅은 가능하면 빨리 끝냅니다. "잠깐 10분만 이야기 합시다"라고 사람들을 소집한 뒤 정확하게 10분만 미팅을 합니다. 30분이라고 정한 회의는 무조건 30분 안에 끝냅니다. 장시간 회의를 하면 집중력이 떨어지게 마련이고 회의 말미에는 쓸데없는 잡담으로 흘러 시간만 낭비합니다. 결국 다른 업무를 할 시간이 줄어듭니다.

　회식도 마찬가지입니다. 회식은 일찍 시작하고 일찍 끝냅니다. 다음 날 아침 스케줄이 없더라도 밤늦게까지 놀면 업무에 지장이 있습니다. 다음 날이 휴일이라도 아침에 늦게 일어나면 개인적으로 기회 손실이 발생합니다.

　저는 어떤 일을 하든 데드라인을 정합니다. 회의는 10분, 거래처와의 미팅은 30분, 회식은 9시까지 등 어떤 일이든 시간제한을 둡니다. 회의시간에 데드라인을 정하면 발표할 시간이 짧아집니다. 회의 전에 미리 회의내용을 정리하고 집중해서 회의에 임하게 됩니다. 회의가 시작되자마자 다양한 의견이 쏟아져 나오고 의사 결정도 빨라집니다.

　업무도 마찬가지입니다. 하나의 업무에 배정한 시간 동안은 '이 일 외에 다른 일은 아무것도 하지 않는다'라고 마음먹고 지금 하는 업무에만 집중합니다. 업무에 데드라인이 정해져 있으므로 '정한 시간 안에 반드시 끝내야 한다'라는 생각이 들어 바짝 긴장하게 됩니다. 일에 집중하지 않을 수 없습니다. 이렇게 하면 정해진 시간 안에 일처리가 됩니다. 집중해서 빠른 시간 안에 일을 처리하면 성취감이 들어 기분이 좋아집니다. 기분 좋게 다음 일로 넘어 갈 수 있습니다.

받은 이메일에 바로 답장하겠다고 마음먹는 것도 마찬가지입니다. 이메일에 답장을 하지 않으면 업무를 진행할 수 없으므로 매일 아침 이메일을 확인하는 시간을 정해놓고 제한시간 안에 답장을 끝냅니다.

시간 제한은 실행력을 높이기 위한 심리적인 장치입니다. 종료시간이 정해져 있으면 이것저것 생각할 여유가 없고 신경이 곤두섭니다. 당장 시작하지 않으면 제한시간 안에 끝낼 수 없기 때문에 자연히 즉시 실행하게 됩니다. 일을 하는 동안에도 긴장의 끈을 놓지 못합니다.

머뭇거리지 않고 업무에 착수하면 맡은 일이 착착 완료되어 성과가 쑥쑥 올라갑니다. 업무 중에 다른 짓을 하느라 낭비하는 시간을 없애려면 시간제한을 두어야 합니다.

미팅, 회의, 업무 등
모든 일에
데드라인을 정해 놓으면
시간 낭비도 없어지고
긴장감도 생겨
일 처리가 빨라진다.

자신이 하는 일의 가치는 얼마인가

장기노동을 좋게 보는 시각 때문에 한국, 중국, 일본은 노동생산성이 낮습니다. 일본인은 근면하다는 이미지가 있습니다. 일본 생산성본부의 '노동생산성 국제 비교'를 보면 일본의 노동생산성은 선진 7개국 중 최하위입니다. OECD 가맹국 30개국 중에는 20위입니다. 근면하지만 노동생산성이 낮다는 것은 효율이 나쁘다는 의미입니다.

일본의 서비스업은 제조업보다 노동생산성이 낮습니다. 이것은 효율을 높이려는 의식이 결여되어 있기 때문입니다. 미국의 노동생산성을 100으로 볼 때 일본은 71입니다. 미국인이 하루 7시간 일해 만들어내는 결과^{이익}를 일본인은 10시간 일해야 가능합니다. 일본이 미국과 같은 이익을 올리는 데 3시간 더 걸리면 일본의 노동비용은 올라갑니다. 일본의 노동비용을 미국과 같이 맞추려면 3시간 동안 무급 잔업을 하는 방법밖에 없습니다.

2010년 기준으로 한국의 노동생산성은 OECD 가맹국 중 23위이고, 한국의 노동생산성을 100으로 볼 때 미국은 168.9이다.

같은 성과를 내는 데 다른 나라 사람보다 더 오래 일을 해야 하고 더 일한 시간만큼 급여를 받지 못한다면 그 노동자는 피폐해질 것입니다. 자신보다 노동생산성이 높은 사람이 있다는 것은 노력하면 자신도 노동생산성을 올릴 수 있다는 것입니다.

노동생산성을 올리려 해도 자신의 노동생산성이 어느 정도인지 모르면 답이 나오지 않습니다. 먼저 시급을 계산해 봅니다. '월급÷1개월 노동일 수÷1일 노동시간'으로 자신의 시급을 알 수 있습니다. 만약 무급 잔업을 한다면 월급은 늘어나지 않고 노동시간만 늘어나는 셈이므로 시급이 낮아집니다. 이렇게 시급이 낮아지면 실질급여가 낮아집니다. 반대로 노동시간을 줄이면 시급이 올라가 실질급여가 올라갑니다.

회사가 잔업수당을 전부 지불해 무급 잔업이 없다면 급여가 올라갑니다. 급여가 올라갔다고 마냥 기뻐해서는 안 됩니다. 잔업시간이 길면 인건비가 올라갑니다. 당신이 일해서 당신의 급여 이상 이익을 내지 못하면 회사는 적자가 납니다. 이러한 상황이 지속되면 당신의 급여가 올라가지 않을 뿐 아니라 자칫 잘못하면 회사가 망합니다. 일감이 밀려들어 어쩔 수 없이 잔업을 한다면 환영할 만한 일이지만 그렇지 않다면 태만한 직원들의 잔업수당 때문에 회사가 망가집니다.

적은 시간으로 많은 성과를 내는 것은 회사와 개인에게 모두 바람직합니다. 부서에 따라서는 자신의 일이 회사의 매출이나 이익에 직결되지 않는 경우도 있지만, 모든 부서의 직원이 효율적으로 일을 하는데 회사의 이익이 낮아지는 일은 없습니다. '무급 잔업을 하면 되지 뭐'라고 생각해서 쓸데없이 업무시간을 연장하는 것은 바보 같은 짓입니다.

저는 '절대로 잔업을 하지 않는다'라고 굳게 마음먹고 있습니다. 업무를 배분해서 데드라인을 설정하고 제한시간 안에 해결하려고 최선을 다합니다. 저는 업무 속도를 중시합니다. 이런 생각으로 일을 처리하면 시급이 올라갑니다. 이것이 생각과 행동 사이의 좋은 습관이 낳는 이점입니다.

'잔업을 하면 되지 뭐'라고 생각해서
쓸데없이 업무시간을 연장하는 것은
바보 같은 짓이다.
항상 일을 단시간에 끝낸다고 생각한다.

중요한 일은
즉시 전화로

지금은 이메일이 업무의 필수 도구입니다. 저는 업무를 빨리 진행하기 위해 이메일을 받으면 바로 답장을 보냅니다. '즉시 실행의 핵심이자 필수요건은 이메일 바로 답장'이라고 생각할 정도로 이메일 관리를 중시합니다. 그러나 이메일만으로는 업무가 잘 진행되지 않아 답답할 때가 있습니다. 서로 의도를 파악하지 못해 같은 내용의 이메일을 몇 번이나 주고받을 경우도 있습니다. 그럴 때는 이메일보다 전화를 이용합시다.

이메일 관리는 받은 메일을 읽고, 답장 메일을 보내는 것을 반복해야 합니다. 그러나 이메일은 실시간 커뮤니케이션이 가능한 전화보다 효율이 떨어집니다. 실시간이라는 면에서 보면 전화와 이메일의 차이는 큽니다. 전화로 직접 말하면 목소리 톤, 음량, 빠르기 등의 뉘앙스로 자신의 의도를 전달하기 쉽습니다. 그 자리에서 서로 질문하고 대답함으로써 업무 내용의 이해도를 즉시 확인할 수 있습니다. 이메일로 자신의 생각을 정확히 전달하려 해도 상대방이 잘 이해하지 못하는 경우가 있습니다. 그럴 때는 전화로 자신의 의도를 전달합니다. 저는 받은 이메일에 답장하는 것만으로 충분하다고 생각하면 답장을 보내 해결하지만 전화를 하는 편이 좋겠다고 생각하면 즉시 전화를 합니다.

이메일은 나름대로 장점이 있습니다. 전화를 해도 상대방이 전화를 받지 못할 때는 직접 통화할 수 없습니다. 상대방의 상황이 좋을 때에 맞추어 전화해야 통화가 가능합니다. 그러나 이메일은 일단 보내 놓으면 상대방이 편한 시간에 읽고 답장할 수 있습니다. 이처럼 상황에 따라서는 전화보다 이메일이 좋을 때도 있습니다. 이메일은 협의 내용이 정확히 남기 때문에 책임 소재가 분명하다는 점도 장점입니다.

전화를 걸면 상대방도 '급한 일인가? 무슨 일이지?'라고 긴장해서 생각합니다. 상대방에게 전할 급한 용무가 있을 때, 직접 말로 설명해야 할 때, 이메일로는 업무의 진전이 없을 때는 망설이지 말고 전화기를 듭시다. 만약 상대방이 부재중이거나 회의 중이면 메시지를 남김과 동시에 이메일을 보냅시다.

복잡한 일을 전달할 때나 확실히 전달해야 할 경우에는 이메일과 전화를 함께 사용합시다. 이 경우에는 이메일을 먼저 보내고 확인 전화를 합시다. 이메일과 전화 가리지 말고 효과적으로 활용하면 커뮤니케이션이 좋아집니다.

저는 가끔 "특별히 용건은 없지만 뭐하고 계시나 궁금해서 전화했습니다"라고 안부전화를 걸기도 합니다. 이것은 대화를 통해 상대방과 친해지는 방법입니다. 인간관계의 근본은 상대방을 배려하는 마음입니다. 특별한 일이 없더라도 주기적으로 전화해 안부를 물읍시다. 의외로 좋은 정보나 일거리를 얻을 수도 있습니다.

이메일은 문자 정보입니다. 음성 정보인 목소리를 사용한 전화가 이메일보다 인간적이고 효과가 좋은 것은 당연합니다. 두 가지 방법을 적절히 사용해서 업무에 효율을 높입시다.

상대방에게 전할 급한 용무가 있을 때,
직접 말로 설명해야 할 때,
이메일로는 업무의 진전이 없을 때는
망설이지 말고 전화를 한다.

외모를 깔끔하게 하면 일이 빨라진다?

사람의 마음가짐은 복장이나 헤어스타일에 따라 바뀌기도 합니다. 저는 휴일에도 이메일을 확인하거나 원고를 쓰는 등 일을 합니다. 그러나 의욕이 생기지 않을 때가 많습니다. 휴일에는 평일과 달리 '왜 이러지'라는 의문이 생길 정도로 일이 진전되지 않습니다. 주말 내내 원고를 쓰겠다고 책상머리에 붙어 앉아 있지만 속도가 나지 않아 일이 지지부진합니다. 일요일 밤이 되어도 별다른 성과를 내지 못하는 경우가 많습니다.

그러나 평일에는 의욕이 넘치고 기분이 상쾌해서 일이 착착 진행됩니다. 왜 그럴까요? 이유는 복장과 헤어스타일에 있습니다. 여러분도 드라이클리닝한 양복이나 셔츠를 입으면 기분이 상쾌하고 의욕이 왕성해지지 않습니까?

저는 휴일이 되면 잠자리에서 일어나 옷을 갈아입지 않고, 머리도 정돈하지 않고, 수염도 깎지 않습니다. 그런 상태로는 머릿속이 업무모드로 바뀌지 않습니다. 그런 상태에서도 일을 잘하는 사람이 있을지 모르지만 저는 어렵습니다. 아마 대부분의 사람도 저와 비슷할 것입니다.

그러나 평일 아침에는 일어나자마자 찬물로 세수를 하고 잠을 쫓습니다. 수염을 깎고 머리를 단정히 정리하면 '휴일모드'에서 '업무모드'로 바뀝니다. 양복으로 갈아입고 출근할 때가 되면 완전히 '전투모드'로 돌입합니다. 전투모드라고 표현하면 조금 과장인지도 모르지만 비즈니스맨인 저에게 양복은 전투복입니다. 아침에 변신 시간을 거치면 머릿속이 업무모드로 바뀌고 오늘 하루도 힘낼 수 있다는 생각이 듭니다.

자신의 기분만을 위해 외모를 단정히 하는 것이 아닙니다. 청결한 얼굴, 정돈된 복장, 단정한 외모는 상대방에게 신뢰감을 줍니다. 단정한 외모를 경시하면 안 됩니다. 어깨 위에 비듬이 있거나, 입에서 냄새가 나거나, 손톱에 때가 끼어 있거나, 몸에서 냄새가 나는 등 지저분하면 누구나 싫어합니다. 몸을 청결하게 유지하는 것은 중요합니다. 청결은 생활의 기본입니다. 청결하면 기분이 상쾌해지고 활력이 생깁니다.

단정한 복장의 중요 포인트는 점잖고 깨끗한 양복과 와이셔츠, 멋있고 세련된 넥타이와 반짝이는 구두입니다. 굳이 비싼 옷을 입고 좋은 구두를 신을 필요는 없습니다. 특히 구두는 생각보다 쉽게 지저분해지므로 각별히 신경 써야 합니다. 구겨진 양복과 지저분한 구두는 상대방에게 좋지 않은 인상을 줍니다.

외모를 단정히 하고 나면 다른 이에게 점검을 받습니다. 자신은 다른 사람이 느끼는 본인의 인상을 모릅니다. 혼자서 판단하지 말고 가족에게 점검을 받으면 좋습니다. 독신생활을 해서 검사해 줄 사람이 없을 경우에는 객관적으로 자신의 얼굴과 복장을 체크합니다.

요즈음은 양복을 입지 않고 넥타이도 매지 않은 채 일하는 자유로운 직장도 있습니다. 청바지를 입고 티셔츠를 걸쳐도 외모의 기본은 청결과 단정함입니다. 생각해보십시오. 냄새나고 지저분한 사람과 청결하고 깔끔한 사람, 어느 쪽이 더 좋습니까? 단정한 외모는 자신과 타인에게 모두 영향을 미칩니다.

냄새나고 지저분한 사람과
청결하고 깔끔한 사람,
어느 쪽이 좋은가?
단정한 외모는
머리를 맑게 하고 기분을 좋게 하여
일을 재미있게 할 수 있다.

잘 거절하는 것이 신뢰를 지키는 일이다

저는 업무가 밀려 바쁠 때, 하기 힘든 업무를 의뢰받았을 때 등 도저히 일처리를 잘할 자신이 없을 경우에는 설사 친분 때문에 거절하기 어려워도 쉽사리 수락하지 않습니다.

일을 잘 처리할 수 없는데도 의뢰받은 업무를 수락하면 꼭 문제가 발생합니다. 잘 해낼 수 없는 일을 수락하면 상대방이 만족하지 못하는 결과를 내거나 아예 실행 자체가 불가능한 경우도 있습니다. 이렇게 되면 의뢰한 쪽과 수락한 쪽, 모두 만족하지 못하는 최악의 결과가 나옵니다.

의뢰받은 일을 거절한다는 것은 쉽지 않습니다. 조금 힘든 일이라도 열심히 노력하면 해낼 가능성이 있거나 시간이 충분하면 수락합니다. 그러나 저의 능력을 완전히 벗어난 일이라거나 시간이 부족하면 과감히 거절합니다. 일 욕심이나 돈 욕심에 무리하게 일을 떠맡으면 의뢰인에게 피해를 줍니다. 자신의 신뢰도 떨어집니다. 폐를 끼칠 것이라는 생각이 들면 거절하는 편이 모두에게 좋습니다.

그러나 조금 어려울 것 같다고 해서 쉽게 포기하고 거절하면 안 됩니다. 처음 하는 일이지만 꼭 도전하고 싶은 일이나 어렵지만 해낼 가능성이 있는 일은 수락해야 합니다. 의뢰받은 일을 거절하는 경우는 너무 바빠서 도저히 시간 여유가 없거나 자신의 역량을 완전히 벗어난 일에 국한합니다. 힘들 것이라고 지레짐작해서 꽁무니를 빼면 안 됩니다. 도전해볼 가치가 있고 해결할 자신이 있다면 흔쾌히 수락하고 온힘을 기울여 해냅시다. 도전정신이 없으면 발전도 없습니다. 새로운 일에 도전하지 않으면 업무 능력을 업그레이드하거나 업무 영역을 넓힐 기회를 놓칩니다. 기본적으로는 의뢰받는 모든 일을 받아들인다는 생각으로 일해야 합니다.

일을 수락할지 거절할지를 결정할 때 가장 중요한 것은 자신의 역량과 한계, 할당 시간을 파악해서 균형을 잡는 일입니다.

우선적으로 생각해야 하는 것은 의뢰인의 만족입니다. 만족은 시간과 직결됩니다. 물리적으로 시간이 턱없이 부족할 때는 어떤 업무도 수락해서는 안 됩니다. 약속한 시간 안에 결과물을 만들 수 없기 때문입니다. 자신의 현재 업무량을 고려해서 의뢰인이 만족할 만한 결과를 내기에 시간이 턱없이 모자란다는 생각이 들면 안타깝지만 거절해야 합니다.

어려울 것 같은 의뢰지만, 시간만 충분하면 해낼 수 있다는 생각이 들면 시간 배분을 파악합니다. 시간이 충분하면 적극적으로 받아들입니다. 작업하는 도중에 모르는 것이 생기면 열심히 조사하며 주변 사람들의 조언을 구합니다. 의뢰인이 만족할 만한 결과를 내도록 열심히 노력하면 반드시 해낼 수 있습니다. 어려운 일을 해내면 한 단계 발전합니다. 자신의 역량과 한계, 할당된 시간을 정확하게 판단하는 능력을 기릅시다. 도저히 무리라고 판단되면 요령 있게 잘 거절합시다.

모처럼 의뢰받은 일을 거절한다는 것은 아깝습니다. 의뢰받은 일을 거절할 때 가장 두려운 것은 상대방과의 거래관계가 끊어질지도 모른다는 불안감입니다. 그래서 저는 다음과 같은 거절방법을 사용합니다.

수락할 수 없는 사정을 솔직히 설명한다
'꼭 하고 싶은데 못 하게 되어 아쉽다'라는 안타까운 마음을 전달한다

거절하면서 자신에게 맞는 업무 영역을 설명한다

이렇게 거절하면 의뢰인도 기분이 나쁘지 않습니다. 의뢰인은 다음에 당신에게 적합한 일이 생기면 그 때 맡기리라고 생각합니다.

업무 분배에 맞춰 잘 거절하면 일이 밀리지 않아 스트레스를 받지 않고 반드시 해야 할 중요한 일에 집중할 수 있습니다. 고객이 만족하는 결과물을 만들 수 있습니다. 마구잡이로 일을 수락하지 않으면 약간의 시간 여유가 생깁니다. 그때 정말 하고 싶은 일이 들어오면 즉시 수락할 수 있습니다. 하고 싶은 일을 한다는 것은 큰 행복입니다. 즉시 실행하는 사람이 되려면 요령 있게 잘 거절하는 것도 중요합니다.

자신의 역량을 벗어나고
시간이 도저히 안 되는 일은
거절한다.
잘 거절하는 것은
상대방과의 신뢰를 지켜가는 데서
매우 중요하다.

떡은
떡방에 맡겨라

저는 '업무량이 너무 많다'는 생각이 들거나 '이것은 내가 하기 어렵겠다'라는 생각이 들면 시간 여유가 있는 사람이나 그 업무를 처리할 능력이 있는 사람에게 부탁합니다. 아무리 능력이 출중한 비즈니스맨일지라도 모든 일을 다 잘할 수는 없습니다. 일을 잘하지 못한다고 창피해할 필요는 없습니다. 할 수 없는 일은 "할 수 없다", 능숙하지 못한 일은 "잘하지 못해"라고 말해도 자존심에 상처를 입지 않습니다. 하찮은 자존심 때문에 일처리가 뛰어난 사람에게 부탁하지 않고 혼자 일을 끌어안고 있는 것은 어리석은 짓입니다.

"떡은 떡방에"라는 말이 있듯이 업무도 적재적소가 있습니다. 능숙한 사람에게 일을 맡기는 편이 빠르고 정확합니다. 저는 '나보다 능숙한 사람에게 부탁하자' '일이 쌓이기 전에 일을 나누자'라고 생각합니다. 개인의 성적보다 회사와 팀의 성적이 중요하기 때문입니다. 일이 쌓일 우려가 있으면 재빨리 다른 직원들과 상의해 일을 나눕니다. 조직이 힘을 모아야 고객에게 만족을 줍니다.

동료직원이나 부하직원에게 일을 부탁하려면 그 직원의 능력과 업무 상황을 파악해야 합니다. 일을 나눌 직원이 지금 하고 있는 업무와 앞으로 해야 할 업무를 알아야 합니다. 내가 일이 많아 바쁜 것처럼 그 직원도 일이 밀려 시간이 없을지도 모르기 때문입니다. 상대방을 배려하지 않고 부탁을 하면 부탁받은 사람이 곤혹스러워집니다. 기분이 나빠져 일도 잘 하지 않습니다. 결국 제대로 된 결과물이 나오지 않습니다.

일을 부탁한 후에는 업무 내용을 설명합니다. 이때는 상대방이 업무를 잘 이해하고 있는지 확인합니다. 대충 설명하고 적당히 부탁해 업무 내용을 확실히 이해하지 못하면 일처리에 시간이 많이 걸리고 만족할 만한 결과물이 나오지 않습니다. 고객의 요구에 부합하지 못하는 결과물이 나온 뒤에는 손을 쓰려 해도 늦습니다. 이런 사고를 미연에 방지하려면 부탁하는 시점에 확실히 업무를 파악했는지 확인해야 합니다.

업무를 부탁한 뒤에는 그 직원을 신뢰하고 완전히 맡겨야 합니다. 업무를 부탁한 후 이것저것 잔소리를 해대면 자신도 피곤하고 의뢰받은 직원도 "이렇게 일일이 참견할 거라면 직접 할 것이지 왜 맡겨" 하는 볼멘소리가 나옵니다. 업무를 부탁할 때, 업무 내용을 빠짐없이 확인했다면 전적으로 맡깁시다. 그렇다고 업무를 맡긴 뒤 나 몰라라 해서는 안 됩니다. 그냥 방관하지 말고 보조하고 지원합시다.

　다른 직원이 작업했지만 원래 자신이 맡았던 일이므로 결과에 책임을 져야 합니다. 만약 문제가 생겼을 때 "이 일은 나와 관계없어. ○○직원이 했다"라고 말하면 직장동료와 거래처에게서 모두 신뢰를 잃습니다.

아무리 뛰어난 사람이라도
모든 일을 잘 할 수 없다.
자존심 때문에
혼자 일을 끌어안고 가지 마라.
일이 밀려오기 전에
'떡은 떡방에' 원칙으로
잘 할 수 있는 사람과
나눠하자.

실수는 즉시,
진심으로 사과한다

열심히 일했지만 작은 실수로 좋은 결과가 나오지 않는 때도 있습니다. 업무를 하다가 실수를 했을 때는 즉시 사과합니다. 아무도 실수를 하고 싶지 않습니다. 실수를 하려고 일을 하는 사람은 없습니다. 완벽한 사람은 없으므로 누구라도 실수를 합니다. 그러나 실수를 한 뒤 어떻게 대응하느냐가 중요합니다. 당황한 나머지 아무 대응을 하지 못해 문제가 커지는 경우도 있고 재빠르게 대처해서 문제를 최소화하는 경우도 있습니다.

   그래서 사과가 중요합니다. 이것을 어떻게 하느냐에 따라 일 잘하는 사람과 그렇지 않은 사람의 차이가 생깁니다. 사람들의 평가가 달라집니다. 사과할 때는 변명하지 말아야 합니다. 어떤 변명도 하지 말아야 합니다. 더구나 말도 안 되는 변명을 하면 역효과가 납니다. 변명을 하고 싶은 마음은 이해합니다. 결과물이 좋지 않은 것에 대해 어떤 타당한 이유가 있을지도 모릅니다. 그러나 이유와 관계없이 의뢰인의 기대를 저버렸다는 것은 사실입니다.

일은 결과가 전부입니다. 자신의 실수를 변명하기보다 솔직하게 인정하는 편이 자신을 위해서도 좋습니다. 솔직히 인정하면 다음에는 같은 실수를 반복하지 않게 됩니다. 변명을 하면 마음 한구석에 '내가 잘못한 것이 아니다'라고 생각하게 되어 다음에도 같은 실수를 할 가능성이 높아집니다.

변명만 하는 사람에게 또 일을 맡기는 사람이 있을까요? 아마 그런 사람은 없겠지요. 실수했을 때는 다른 사람에게 책임을 전가하거나 핑계를 대지 말고 솔직히 자신의 실수를 인정하며 즉시 사과합니다. 즉시 사과한 후, 실수를 어떻게 만회해야 할지 대책을 강구합니다. 실수의 사후 대응이 빠르면 빠를수록 상대의 신뢰를 회복할 가능성이 높습니다. 적절한 사후 대응을 빠르고 확실히 하면 오히려 신뢰감이 올라갈 수도 있습니다. 실수를 저지른 뒤에도 적절한 대응을 하지 않거나 늑장을 부리면 신뢰가 땅에 떨어집니다. 다음 거래는 없다고 생각해야 합니다.

실수를 했더라도 기민하게 잘 대처해서 의뢰인의 신뢰를 회복해야 합니다. 계속 거래를 이어가게 만들어야 합니다. 그러려면 진심으로 사과하고 빨리 해결해야 합니다. 실수의 경험을 살려 같은 사태를 반복하지 않도록 노력합니다.

의뢰인이 화가 머리끝까지 나서, 도저히 용서받지 못할 정도로 사태가 심각해도 결코 포기해서는 안 됩니다. 끈기를 가지고 최선을 다해 성의를 보입니다. 의뢰인이 감동할 정도로 성의를 보이면 오히려 끈끈한 관계를 맺을 수도 있습니다. 한번 실수를 했지만 성의 있게 사과를 하고 일을 잘 수습해서 평생 파트너가 된 예가 얼마든지 있습니다. 진심으로 사과하고 끝까지 책임지는 모습을 보입시다.

실수는 누구나 한다.
실수를 하면 책임을 전가하지 않는다.
잘못을 인정하고 즉시 사과한다.
빠른 대응책으로
의뢰인을 안심시킨다.

모르면
질문하라

    일을 잘하려면 일에 착수하기 전에 어떤 일인지 정확히 파악해야 합니다. 업무를 정확하게 파악하려면 의뢰인의 말을 귀 기울여 들어야 합니다. 집중해서 잘 듣는 것은 업무의 기본입니다. 의뢰인의 말을 귀 기울여 듣지 않고 대충 들으면 안 됩니다. 업무 내용을 제대로 파악하지 못하고 일에 착수하면 의뢰인의 요구와 전혀 딴판인 결과물이 나오는 경우가 있습니다. 지금까지 일에 들인 시간과 노력이 쓸모없어집니다. 처음부터 다시 해야 합니다. 의뢰인과 일에 관련된 사람들이 피해를 입습니다.

  일에 착수하기 전에 의뢰인의 의도를 꼼꼼히 파악해야 합니다. 저는 성격이 급해 상대방의 이야기를 끝까지 듣지 않고 일을 수락해버리는 경우가 많았습니다. 그러면 반드시 모르는 부분이 튀어나왔습니다. 의뢰인이 바라는 대로 일이 진행되지 않았습니다. 심한 경우에는 작업을 두 번 했습니다.

의뢰인이 업무 내용을 설명할 때는 차분히 들으며 아무리 사소한 것이라도 모르는 부분이 나오면 주저하지 않고 질문합니다. 모르는 것을 꼼꼼히 질문해 의뢰 내용을 명확히 파악합니다. 의뢰인은 상대방이 어디를 이해하지 못하는지 모릅니다. 이해되지 않는 부분을 정확히 꼭 집어서 질문하면 의뢰인도 설명하기 쉽습니다.

의문사항은 완전히 이해할 때까지 몇 번이든 질문합니다. 의뢰인이 조금 귀찮다고 생각할 정도로 질문합니다. 작업을 하면서 일을 맡길 때에 설명한 내용을 의뢰인에게 반복해서 질문하면 의뢰인은 짜증을 냅니다. '이 사람이 제대로 일을 할 수 있을까'라는 불안감이 생깁니다. 그러한 사태를 방지하려면 일에 착수하기 전에 업무 내용을 확실히 파악해야 합니다. 반대로 의뢰인의 의문점에는 성실하게 답변합니다. 의뢰인이 완전히 이해할 수 있게 쉽게 설명합니다. 의뢰인이 완전히 이해했는지 확인합니다. 비즈니스는 커뮤니케이션으로 이루어지는 법입니다.

업무 내용을 완벽히 파악해야 즉시 업무에 착수할 수 있고 빠른 시간 안에 좋은 결과물을 낼 수 있습니다. 의뢰인의 설명을 잘 듣고 전부 이해했지만 해결 방법을 모르는 경우가 있습니다. 그럴 때는 인터넷이나 책을 뒤져서 해결하려 들지 말고 자신의 인맥을 총동원하여 그 분야의 전문가나 유경험자를 찾아서 도움을 받습니다. 이 방법이 가장 빠르고 정확합니다.

책이나 인터넷을 이용하면 자신이 필요한 정보를 찾는 데 시간이 많이 걸립니다. 인터넷에 올라와 있는 정보가 정확하지 않을 수도 있습니다. 그러나 직장 상사나 유경험자, 전문가에게 직접 도움을 청하면 빠르고 정확하게 해결 방법을 알 수 있습니다. 일처리가 빠르고 정확한 사람이 되려면 인맥을 잘 이용해야 합니다. 주변 사람의 도움을 받으려면 의뢰 내용을 잘 설명해야 합니다. 잘 들어야만 잘 설명할 수 있습니다.

업무 내용에 의문이 들면
주저 없이 질문한다.
상대방이 조금 귀찮다고
생각할 정도로 질문하여 일의 내용을
완전히 이해한다.
그래야 일이 정확하고 빨라진다.

주위에 내편은
몇 명인가

일은 혼자 하는 것이 아닙니다. 직장 상사, 동료, 후배, 거래처와 협의해서 추진해야 합니다.

혼자서 일에 매달리면 좀처럼 속도가 붙지 않습니다. 일처리가 더뎌집니다. 주변 사람들과 긴밀히 협의하지 않으면 좋지 않은 결과가 나올 가능성이 커집니다. 맡은 일을 아무와도 의논하지 않고 독단적으로 하는 것은 어리석은 짓입니다. 일은 팀플레이가 중요합니다.

저는 빠르고 수준 높은 일처리를 위해 주변 사람들을 적극적으로 끌어들입니다. 해결하기 어려운 일을 혼자서 처리하려고 고민하지 않습니다. 그 일을 잘하는 사람에게 도움을 청하고 협

조를 구합니다. 그렇게 하면 결과물의 질이 높아지고 시간도 절약됩니다. 주변 사람을 끌어들이려면 자기 중심으로 생각하지 말고 열심히 배우려는 자세를 견지해야 합니다. 스스로 노력하는 모습을 보여야 합니다.

인간은 완벽하지 않습니다. 업무지식이 모자라 판단 실수를 합니다. 부족한 부분을 솔직하게 털어놓고 조언을 구하면 도와주는 사람이 있습니다. 자기중심으로 생각하지 않고 일을 위해 열심히 질문하면 그 열정을 높이 평가해 주변 사람들이 도와줍니다. 그런 열의를 가진 사람을 보면 누구나 도와주고 싶어집니다.

회사의 목표가 개인의 목표입니다. 회사의 목표 달성을 위해서는 개인의 자존심 따위는 문제될 것이 없습니다. 개인적인 공을 세우고 싶어 혼자서 해결한다는 자기본위의 생각은 금물입니다. 회사의 목표 달성이 최고의 개인 만족입니다. 주변 사람들의 협력을 받아 좋은 결과물을 빨리 만드는 것이 합리적인 비즈니스맨의 자세입니다.

주변 사람을 자신의 일에 협력하게 만들려면 평상시에 배려해야 합니다. '기브 앤드 테이크$^{give\ and\ take}$'를 잊지 말아야 합니다. 같은 팀의 팀원이라고 항상 흔쾌히 당신을 도와주지는 않습니다. 사회에서 만난 사람들은 조건 없이 아낌없이 주는 어머니 같은 존재가 아닙니다.

  다른 직원들이 꺼리는 일을 솔선해서 지원하거나 일이 밀려 바쁜 동료를 먼저 도와줍시다. 주변 사람의 상황을 파악해 적절히 도움을 주고 배려합시다. 그러면 자신이 어려울 때 도움을 청해도 주변 사람들이 모두 당신의 든든한 우군이 되어줄 것입니다.

자신이 어려울 때
도움을 받고 싶다면
평소에 남을 배려하고 협력해라.
사회에서 만난 사람들은
조건 없이 주는 어머니가 아니다.
자신이 준만큼만 돌아온다.

지금 하면
까먹지 않는다

무슨 일이든 지금 하라는 이유 중 하나는 지금하지 않으면 잊어버리기 때문입니다. 두 개 이상의 일을 맡는 경우가 많으므로 모든 일을 바로 실행할 수는 없습니다. 일이 너무 많거나 하나의 일에 집중하다 보면 다른 일을 잊어버리게 되어 다음 일에 차질이 생깁니다. 다음 스케줄을 잊어도 문제가 없도록 두 개의 '알리미'를 준비해서 이중으로 대비합니다.

먼저 IT 기술을 활용합니다. IT 기술이라고 말했지만 대단한 것은 아닙니다. 인터넷 일정관리 서비스를 말합니다. 저는 구글 캘린더의 '리마인더reminder' 기능을 사용합니다. 저는 구글 캘린더로 일정을 관리합니다. 일정관리 프로그램에 미팅 약속, 회의

약속 등의 업무 스케줄을 입력해두고 약속시간 15분 전, 컴퓨터 모니터에 팝업이 뜨게 설정합니다. 그렇게 하면 리마인드가 가능합니다.

다음은 이메일을 이용하는 것입니다. 해야 할 일이 생각나면 스마트폰으로 즉시 그 내용을 '내게 쓰기 메일[To Do 메일]'로 보냅니다. 하나의 이메일에 한 가지 To Do를 적어 보냅니다. 저는 이것을 '한마디 메일'이라고 부릅니다. 이것저것 잡다하게 적지 말고 요점만 간단히 적어 보냅니다. 이메일로 보내지 않으면 잊어버리기 때문에 생각난 즉시 보냅니다. 자신의 자리로 돌아와 이메일을 열면 해야 할 일이 한눈에 보입니다. 해야 할 일 목록을 수시로 들여다보며 하나하나 처리한 뒤 해결이 완료된 일부터 차례로 삭제합니다.

또 하나의 알리미는 아날로그 방식입니다. 즉 다른 사람에게 알려달라고 부탁하는 것입니다. 가족이나 친구, 회사 동료 등 누구라도 좋습니다. 반드시 해야만 하는 일을 잊지 않게 "○○업무를 □□일까지 해야 하는데, 다음 주 □□일 아침에 알려주시겠습니까?"라고 부탁합니다.

중요한 일이므로 꼭 기억하겠다고 생각해도 의외로 잘 잊어버리는 것이 인간입니다. 중요한 일이라는 것은 기억하는데 그 내용이 무엇인지 잊어버리는 때도 있습니다. 잊어버렸을 때 상황을 수습하기 위한 일종의 보험으로 알리미를 만들어둡니다. 알리미는 중요한 비즈니스 스킬입니다.

저에게 리마인드를 해주는 사람은 웹디자이너인 W씨입니다. 그는 우리 회사의 웹사이트나 광고를 관리하는데, 회의에서 결정한 중요한 스케줄을 저에게 메일이나 문자로 미리 알려줍니다. 저도 W씨의 업무 중에서 중요한 것은 문자 메시지로 알려줍니다. 서로 챙겨주면 우정이 싹트고 인간관계가 좋아집니다. 덩달아 회사 분위기도 좋아집니다.

물론 저도 모든 업무를 잊어버리지는 않습니다. 그러나 알리미를 만들어두면 하나라도 빠뜨리지 않게 도와줍니다. 어떤 일정관리 프로그램이라도 좋습니다. 사용하기 편리한 프로그램을 활용합시다. 다시 한 번 할 일을 떠올리도록 알려줄 사람도 만들어 놓읍시다.

즉시 실행해야 하는 이유 중 하나는
다른 일이 계속 몰려와
정작 중요한 일을
잊지 않기 위해서다.

실수에서
배운다

"마지막에 성공하기만 하면, 모든 실패는 좋은 경험이다"라는 말이 있습니다. 그러나 실패했을 때 '실패했네'라고 막연히 생각하면 아무리 실패 경험을 쌓아도 성공할 수 없습니다. 실패 경험이 발전으로 연결되지 않기 때문입니다. 실패가 성공의 밑거름이 되려면 그 경험을 다음에 활용할 수 있어야 합니다. 활용할 수 없는 경험은 아무리 쌓아도 소용없습니다.

지금 생각하면 창피하지만, 저의 사회 초년생 시절 이야기를 하나 하겠습니다. 당시 저는 입사 지원한 회사에 떨어졌습니다. 낙담한 저는 다른 회사에 들어갔지만, 일에 대한 의욕이 없어 지시받은 일만 했습니다. 안이한 태도로 일을 했기 때문에 실수를 연발했습니다. 직장 상사가 실수를 지적하면 "죄송합니다, 다시 하겠습니다"라고 말한 뒤 상사가 지적한 부분만 고쳐서 제출했습니다. 왜 그런 실수를 했는지 원인도 생각하지 않았고 다시는 그런 실수를 하지 않겠다는 굳은 마음도 없었습니다.

당시 저는 회사의 관리부에서 근무했기 때문에 고객이 저에게 직접 불평하는 일이 없었고 직속상관도 성격이 매우 좋아 잔소리를 하지 않았습니다. 아주 편히 근무했던 셈입니다. 그러나 그것이 저에게는 큰 독이 되었습니다. 왜 실수했는지, 왜 지적받는지 그 원인을 몰랐고 그것을 알려고 들지도 않았습니다. 하루하루 날짜만 때우고 상사가 시키는 일만 했습니다. 그 결과 배우는 것이 없어 아무런 발전이 없었습니다. 월급날만 기다리며 상사에게 혼나지 않으려고 대충 요령껏 일했습니다. 퇴근시간이 되면 도망치기 바빴습니다. 왜 그렇게 살았는지 지금 생각하면 부끄럽기 짝이 없습니다. 실수 경험이나 실패 경험은 많았지만 반성하지 않고 수동적으로 일한 탓에 아무것도 배우지 못했습니다. 반성하지 않는 경험은 아무런 쓸모가 없습니다.

저는 25살에 독립해서 회사를 차렸습니다. 그러자 상황이 갑자기 바뀌었습니다. 그때부터는 실수를 저지르면 고객에게 직접 혼이 나고 일거리가 사라졌습니다. 살길이 막막했습니다. 정신이 번쩍 들었습니다. 실수할 때마다 두 번 다시는 실수하지 않겠다고 결심했습니다. "왜 실수했을까?"라고 외치며 실수의 원인을 분석하고 반성했습니다. 실수의 원인을 분석하면서 '다음에는 이렇게 하자!'라며 대책을 강구했습니다. 모르는 것은 최선을 다해 공부하고 주변 사람들에게 조언을 구했습니다. 그러자 일솜씨가 늘어나 점점 고객이 많아졌습니다. 그때는 말로 표현할 수 없을 정도로 기뻤습니다.

사람은 마음먹기에 따라 인생이 바뀝니다. 인생을 바꾸는 키워드는 '반성'입니다. 반성은 두 번 다시 같은 실수나 실패를 하지 않으려고 개선점을 생각하고 찾는 행위입니다. 반성하면 다음에 같은 일을 의뢰받아도 실수하지 않습니다. 의뢰인에게 만족을 주는 결과를 제공할 수 있습니다. 의뢰인의 기대에 부응하면 입소문을 타고 평판이 좋아져 자연히 일감이 많아집니다.

반성과 개선을 반복하면서 실수나 실패가 없는 비즈니스맨으로 성장합니다. 실수나 실패가 적어지면 일의 효율이 오릅니다. 일처리 속도가 빨라지고 더 많은 일을 할 수 있습니다. 이것이 실패를 좋은 경험으로 활용한 바람직한 효과입니다.

실수를 하거나 실패했을 때에 국한해서 반성해서는 안 됩니다. 지난 업무를 돌아보며 '어디를 개선하면 더욱 좋은 결과가 나올까, 어떻게 하면 더욱 빨리 처리할 수 있을까'라고 반성하는 것도 필요합니다. 어떤 업무든 '지금보다 더 잘할 수는 없다'라고 생각하면 성장할 수 없습니다. 항상 자신의 일을 돌아보고 반성하는 습관을 들입시다. 반성 없는 발전은 없고, 발전 없는 성공은 없습니다.

인생을 바꾸는 키워드는
반성이다.
실수나 실패를 돌아보고
개선점을 찾아라.
반성 없는 발전은 없고,
발전 없는 성장은 없다.

일의 소요시간
리스트를 만든다

여러분은 자신이 하고 있는 일에 어느 정도 시간이 걸리는지 알고 있습니까? '프레젠테이션 자료를 만드는 데는 ○○시간 걸린다' '1시간에 얼마만큼 일을 할 수 있다' '1시간에 ○○개 회사에 영업전화를 할 수 있다' 등 자신의 업무에 어느 정도의 시간이 걸리는지 수치를 파악해야 합니다. 업무의 내용과 양은 사람마다 다르겠지만 자신의 업무에 걸리는 시간을 알고 있으면 하루의 스케줄을 시간 단위로 명확히 세울 수 있습니다. 즉 시간에 쫓기지 않는 업무 배분이 가능해집니다.

 업무에 걸리는 시간을 정확히 파악하고 있으면, "○○씨 이것 좀 급하게 해줄 시간 있어요?" 하고 갑자기 의뢰가 들어와도 즉시 판단할 수 있습니다. '오늘 업무 상황이 이러하고 지금 하는 일은 대략 ○○시간이 걸린다, 의뢰받은 일은 약 ○○시간이 걸리니까 오후에는 처리가 가능하다'라는 계산을 할 수 있습니다. 일을 할 수 있는지 없는지 여부를 즉시 답변하면 상대방도 기뻐합니다.

저는 "바쁘신가요? 이 일을 부탁하고 싶은데 시간 괜찮으신가요?"라는 의뢰를 받을 때가 있습니다. 저는 곧바로 의뢰받은 일에 걸리는 시간을 계산해서 일처리가 가능하면 수용합니다.

일처리에 걸리는 시간을 알면 시간을 단축하는 것도 가능합니다. '지금 하는 일은 보통 2시간 걸리니까 좀더 노력해서 30분 빨리 끝내자'라고 생각해서 일에 속도를 낼 수 있습니다. 자신의 일에 걸리는 시간을 파악하고 있기 때문에 시간을 단축하려는 목표를 세울 수 있습니다.

목표를 세우고 일처리에 걸리는 시간을 단축하려고 노력하면 업무 효율이 올라갑니다. 저는 일을 할 때 '1시간 뒤에 있으니까 이 일은 1시간 안에 끝낸다' '다음 약속이 30분 후니까 이 일은 30분 동안 집중해서 끝내자'라는 식으로 생각합니다. 시계를 들여다보고 종료시간을 의식하며 일을 하는 것입니다. 예정시간보다 단축해서 일을 끝내면 기분이 좋아지고 다음 일에 여유가 생깁니다.

효율적으로 일하려면 일에 걸리는 시간을 정확히 파악해야 합니다. 업무 리스트를 만들어 각각의 일에 걸리는 소요시간을 기록해봅시다. 소요시간을 잘 모르겠으면 일을 하나 끝낼 때마다 일처리에 걸린 시간을 계산해서 데이터로 만들어둡시다.

각각의 일에 소요되는 시간을 바탕으로 업무 스케줄을 짭니다. 업무별 소요시간 리스트를 만들어보면 왜 업무가 밀려 다음날로 넘어가는지 이유를 알게 됩니다. 정기적으로 반복하는 업무는 종료시간을 설정하고 그 시간 안에 끝내려고 노력하십시오. 이 과정을 반복하면 작업시간이 점점 줄어들 것입니다.

효율적으로 일을 하기 위해서는
일에 걸리는 시간을 알아야 한다.
업무별 소요시간 리스트를 만들어라.
소요시간과 종료시간을 정해
마무리 하는 습관을 키우자.

계획 세우는데
시간 쓰지 마라

'생각에 빠지지 말고 즉시 실행하자'라고 마음먹지만 실제로는 그리 녹록치 않습니다. 어떤 일이든 바로 시작할 수는 없습니다. 창업을 예로 들어 보겠습니다. 창업을 하려면 여러 가지 준비가 필요하고 복잡한 과정을 거쳐야 합니다. "창업하고 싶다!"라고 말하는 사람에게 "그럼 즉시 착수하면 되잖아"라고 모호하고 무책임한 말을 던질 수는 없습니다. 그렇게 말만 한다고 해서 지금 바로 창업을 할 수도 없습니다.

일을 추진하려면 먼저 계획을 세워야 합니다. 계획을 세울 때는 가장 먼저 목표를 생각해야 합니다. 무엇을 위한 계획인지 명확히 정해야 합니다. 다음은 소요기간입니다. 언제까지 그 목표를 달성한다는 기간을 설정합니다. 목표와 기간이 정해지면 거기에서 역산하여 구체적인 행동계획을 세웁니다. 그 계획을 바탕으로 실행합니다.

아무리 좋은 계획서를 만들어도 실행하지 않으면 종이조각에 불과합니다. 누구에게 보여줘도 감탄하는 완벽하고 훌륭한 계획서를 만드는 사람이 있습니다. 그 사업계획서를 보면 완벽하게 만들었다는 생각이 듭니다. 그러나 사업의 목적은 사업의 성공이지 사업계획서를 완벽하게 작성하는 것이 아닙니다.

비즈니스 상황은 끊임없이 변화합니다. 사업계획의 변경이나 수정은 흔히 있는 일입니다. 사업계획서를 완벽하게 작성하는 일도 중요하지만 그 이상으로 중요한 것은 실행입니다. 실행하면서 변경이나 수정이 필요할 경우 유연하게 대처합니다. 어떤 일이든 계획대로 이루어지는 경우는 거의 없습니다. 계획대로 진행되지 않는다고 스트레스를 받지 말고 침착하게 계획을 수정하거나 다른 방법을 강구해야 합니다. 계획이란 으레 변경되는 것이라고 생각해야 합니다.

계획이 완벽하지 않아도 괜찮습니다. 꼭 필요한 부분만 계획을 세우고 실행에 옮깁니다. 실행하면서 동시에 계획을 검증합니다. 변경해야 하거나 보완해야 할 부분이 생기면 즉각 반영합니다. 이 과정을 거치면 사업계획이 구체적으로 완성되어 갑니다.

완벽한 계획을 세운답시고 시간을 낭비하기보다 대강의 골격만 세우고 행동으로 옮기는 편이 한시라도 빨리 목표를 달성하는 비결입니다.

창업만이 아니고 신규 사업의 런칭, 하루의 업무, 개인의 경력 관리 등의 계획도 마찬가지입니다. 도중에 변경하거나 수정하는 것을 전제로 실행 가능한 계획을 세우고 그 계획을 즉시 행동으로 옮기면 좋은 성과를 낼 수 있습니다.

계획은 늘 완벽하지 않다.
일단 실행하면서
부족하고 필요한 부분이 생기면
즉시 반영한다.
계획이란 으레 고치고 바꿔가면서
완성되는 것이다.

신문과 잡지는
제목만 봐둬도 남는다

창피한 얘기지만 저는 학창시절에는 물론이고 사회에 나와서도 3년 동안은 신문을 읽지 않았습니다. 신문을 보더라도 TV 프로그램 시간표 외에는 눈길을 주지 않았습니다. TV 뉴스도 거의 보지 않았습니다. 기껏 보는 것이 오락 프로그램이었습니다. "신문 따위는 읽지 않아도 돼" "뉴스 같은 것 보면 뭐해"라고 말할 정도였으니 참 한심한 노릇이었지요.

　저는 25살에 창업을 했습니다. 창업 후 외부의 거래처 사람들과 대화를 나누어보면 공통의 화제가 정치, 경제, 스포츠였습니다. 저는 스포츠나 연예 관련 이야기가 나오면 어느 정도 대화가 가능했지만 "오늘 아침 경제신문에 이런 기사가 났는데……"

"어제 미국 대통령이 G20에서……"라는 화두가 나오면 꿀 먹은 벙어리가 되었습니다. 정치나 경제에 관련된 이슈에는 문외한이었기 때문입니다.

그래서 '이래서는 안되겠다'는 생각이 들어 다음 날 아침부터 경제신문을 읽기 시작했습니다. 처음에는 활자에 익숙하지 않아 읽는 데 시간이 많이 걸렸습니다. 재미도 없고 지루했습니다. 처음 보는 용어가 너무 많아서 솔직히 무슨 내용인지 이해할 수 없었습니다.

그래서 방법을 바꾸어 기사를 처음부터 끝까지 읽는 것을 포기하고 큰 제목과, 요점만 알기 쉽게 정리한 기사만 읽었습니다. 신기하게도 그렇게만 해도 사람들 대화에 낄 수 있었습니다. "아, 그 기사 신문에서 읽었는데……"라며 제 나름의 의견을 이야기할 수 있게 되었을 때, 겨우 사회인이 되었다는 생각이 들었습니다.

흥미 있는 기사나 업무와 관련된 기사는 빈틈없이 읽어보고 나머지 기사는 큰 타이틀만 훑어봅시다. 자세한 내용을 몰라도 좋습니다. 제목만이라도 머릿속에 넣어놓으면 대화에 낄 수 있습니다.

사람들과 대화할 때 뉴스는 가장 일반적인 화제입니다. 저는 사람들과의 대화를 전제로 신문, 잡지, 인터넷 기사, 블로그, 트위터 등의 정보를 모읍니다. 신문, 잡지, 인터넷만이 아니고 항간에 화제인 TV 프로그램이나 가요 프로그램도 봅니다. 나아가 다양한 사람들과 만나 대화를 하며 정보를 수집합니다.

다양한 정보를 알면 상대방과 대화 채널을 맞출 수 있고 새로운 아이디어가 떠오르기 쉽습니다. 직접 관계가 없는 정보일지라도 서로 연결되어 재미있는 아이디어가 탄생하기도 합니다. 여러 가지 정보를 알고 있으면 사물이나 사건에 대한 판단이 적확해집니다. 정보가 없으면 자신의 경험에만 의존하게 되므로 제멋대로 판단하기 쉽습니다. 객관적인 정보가 있으면 오류를 저지르지 않습니다.

기사를 대강 읽으면 깊이 이해하지 못하는 폐해가 생깁니다. 대화 도중 모르는 것이 나올 때가 있습니다. 그럴 때는 아는 척을 하면 안 됩니다. 자존심이 상할까봐 잘 모르는데도 아는 척을 하면 자신에게 아무런 도움이 되지 않습니다. 곤란한 일이 발생할 수도 있습니다. 그럴 때는 "제가 잘 몰라서 그러는데 어떻게 된 일인가요?" 하고 상대방에게 구체적인 내용을 물어봅니다. 그러면 상대방은 조금 우쭐해져서 친절하고 자세하게 설명해줄 것입니다.

요즘 젊은이들은 신문을 읽지 않는다고 합니다. 그것이 얼마나 손해인지는 사회생활을 하면 뼈저리게 느낄 것입니다. 대충이라도 좋습니다. 신문, 경제잡지, 시사잡지, 책 등을 읽는 습관을 들입시다.

신문과 잡지, 뉴스 등의 기사 제목만이라도
머리 속에 넣어 두는 습관을 가져라.
언젠가는 재미있는 아이디어로
연결되어 나올 것이다.

생각난 즉시
메모 한다

문득 떠오른 아이디어를 적을 때, 새로운 기획을 구상할 때, 여행 계획을 세울 때 등 아이디어를 기록하는 가장 좋은 도구는 낙서장입니다. 비싸고 깨끗한 노트나 수첩을 사용할 필요는 없습니다. 막 써도 되는 싸구려 노트가 제격입니다.

생각나는 것을 곧바로 적지 않으면 잊어버리고 맙니다. 저는 무엇이든 막 쓸 수 있는 낙서장을 가방에 넣어 다니면서 어떤 생각이 떠오르면 언제 어디서고 바로 메모를 합니다. 글씨는 괴발개발이어도 좋습니다. 알아볼 수만 있으면 됩니다. 낙서장을 늘 지니고 다니면, '기억해야지'라고 생각해놓고 금방 잊어버려서 실행으로 옮기지 못하는 경우를 방지할 수 있습니다. 언제,

어디서, 무엇이든 쓸 수 있는 노트가 있으면 든든합니다. 낙서장이 있으면 무엇이든 손쉽게 쓸 수 있어 메모하는 습관이 자연스럽게 생깁니다.

지금도 이 책의 원고는 저의 낙서장에 날아다니는 글씨체로 부분 부분 남아 있습니다. 평상시에는 노트북 컴퓨터나 태블릿 PC로 원고를 쓰지만 컴퓨터가 없거나 컴퓨터를 당장 사용할 수 없는 환경에서는 낙서장에 적습니다.

한 가지 놀라운 사실은 워드프로그램으로 원고를 쓰는 것보다 노트에 원고를 쓰는 편이 더 빨리 써진다는 것입니다. 워드프로그램을 써보면 'DEL 키' 하나로 글자를 자유자재로 지울 수 있어 문장을 자꾸 수정하게 됩니다. 앞 문장으로 돌아가 틀린 맞춤법을 고치고 단어를 바꾸는 등 수시로 수정을 하거나 가필을 하므로 좀처럼 진도가 나가지 않습니다. 그러나 한 번 쓰면 쉽게 지울 수 없는 노트에 글을 쓰면 앞으로 전진할 수밖에 없습니다. '어차피 낙서장인데 뭐 어때, 다른 사람이 볼 것도 아니고 글씨가 좀 지저분해도 좋아'라고 편하게 생각하면 의외로 빨리 써집니다. 신기할 정도입니다.

마지막으로 가장 중요한 점인데, 낙서장에 써놓은 내용을 자주 들여다보는 습관을 가져야 합니다. 조금 시간 간격을 두고 낙서장을 펴서 처음부터 천천히 읽어봅시다. 예전에 적었던 아이디어가 조금 전에 생각난 아이디어와 연결되거나, 별로라고 제쳐두었던 아이디어를 조금 변형하면 멋진 아이디어로 바뀌는 경우도 있습니다.

망각은 기회의 상실이다.
생각난 즉시 메모하는 습관을 들이자.
나중에 찬찬히 들여다보면
서로 다른 아이디어의 융합이
일어남을 알 수 있다.

발상력은
훈련이다

여러 사람과 하나의 주제를 놓고 얘기할 때 "좋은 아이디어 없어?"라는 질문을 받을 때가 있습니다. 그럴 때 "글쎄요"라며 전혀 아이디어를 내지 못하는 사람이 있고, 기발한 아이디어가 아니어도 "이 아이디어는 어떻습니까?"라며 그 자리에서 아이디어를 내놓는 사람이 있습니다.

후자의 경우 대단한 아이디어가 아닐지라도 기존의 아이디어를 더욱 발전시킬 가능성이 큽니다. 의견이나 아이디어가 있느냐는 질문을 받았을 때 우물쭈물하며 아무 말도 못하면 안 됩니다. 자신을 부각할 수 있는 기회를 놓치게 됩니다. 기회가 왔을 때 잡아야 합니다.

자신의 의견이나 아이디어를 척척 내놓는 사람은 생각보다 아주 뛰어난 사람이 아닙니다. '나는 왜 저렇게 하지 못하지? 센스가 없어서 그럴 거야' 하고 비관적으로 생각해서 단념해버리는 사람이 많습니다. 그러나 아이디어는 훈련을 통해서 충분히 계발할 수 있습니다.

아이디어 훈련 중 가장 좋은 방법은 책을 읽고 서평을 쓰는 것입니다. 한 권의 책 속에는 저자의 경험과 지식이 풍부하게 녹아 있습니다. 책을 한 권 읽으면 많은 정보를 얻을 수 있습니다. 책을 읽은 뒤 내용을 정리해서 자기 나름의 의견을 적는 것은 아이디어를 발상하는 데 좋은 훈련입니다. 발상력 훈련의 한 방법으로 서평 쓰기를 적극 추천합니다.

뉴스를 읽은 후 나름대로 평을 써보는 것도 좋습니다. 흥미 있는 분야의 뉴스를 보고 자신의 감상이나 생각을 적는 일은 발상력 훈련으로 효과가 좋습니다.

이러한 훈련이 새로운 발상에 효과가 있는 이유는 무엇일까요? 시점을 바꾸어 적용할 수 있기 때문입니다. 책이나 뉴스를 보고 내용을 파악해서 자신만의 관점을 글로 쓰는 훈련은 엄청난 효과를 발휘합니다. 이 훈련을 반복하면 사람들과 다른 관점에서 자신만의 의견을 낼 수 있습니다. '왜 그럴까? 나라면 이렇게 할 텐데'라고 생각하며 자신만의 결론을 도출해냅니다. 역발상을 할 수 있으면 더욱 좋습니다.

  아이디어를 아웃풋하면 시야가 눈에 띄게 넓어집니다. 떠오르는 아이디어를 블로그나 노트에 적어봅시다. 글로 적으면 모든 사물을 객관적으로 볼 수 있는 능력이 생깁니다. 몇 개의 작은 아이디어가 합쳐져 참신한 아이디어가 생깁니다. 더불어, 아웃풋한 아이디어에 사람들의 조언을 더하면 더욱 좋은 아이디어로 업그레이드할 수 있습니다.

'왜 그럴까? 나라면 이렇게 할텐데'.
어떤 사안을 놓고 자신만의
역발상 연습을 하자.
좋은 아이디어는
하늘에서 떨어지는 게 아니다.
발상력은
훈련과 연습이다.

좋은 것은
따라한다

흔히 "나만의 개성을 목표로!"라고 말합니다. 그러나 자신만의 색깔을 만드는 것은 무척 어렵습니다. 아무것도 없는 상태에서 자신만의 것을 창조할 수 있을까요? 무無에서 자신만의 무언가를 창조한다는 것은 불가능합니다. 상품과 서비스가 포화상태인 현대 비즈니스 세계에는 더욱 어렵습니다. 자신만의 독특한 무언가를 만들려면 어떻게 해야 할까요?

정답은 '따라 하기'입니다.

유명한 디자이너가 있습니다. 사람들은 멋지고 개성 있는 디자인을 만드는 그를 보고 보통 사람에게는 없는 그만의 특출한 재능이 있다고 생각합니다. 그러나 자기만의 독특한 디자인 세계를 구축한 그도 처음에는 다른 디자이너의 작품을 보고 따라 하는 것으로 시작했습니다. 디자인 학교에서 디자인을 처음 배우는 학생에게 '유명 디자이너의 좋은 작품을 보고 흉내 내라'고 합니다. 유명 작곡가, 유명 소설가도 마찬가지입니다. 처음에는 흉내 내며 출발합니다. 공부도 처음에는 암기로 시작합니다.

아무리 흉내를 잘 내어도 진짜와 똑같아지기는 좀처럼 힘듭니다. 유명한 사람의 다양한 작품을 반복해서 흉내 내면, 그 흉내가 '나'라는 필터를 통과한 순간 자신만의 오리지널이 됩니다. 흉내를 내 봐야만 자신만의 무언가를 만들 수 있습니다. 독창성은 흉내에서 비롯됩니다. 흉내의 산물이 바로 창의력입니다.

유능한 비즈니스맨도 마찬가지입니다. 처음에는 일 잘하는 사람의 장점이나 좋은 습관을 따라합니다. 그것을 따라하다 보면 무언가 느끼게 됩니다. 따라하면서 자신만의 생각, 기술, 지식, 경험, 성격 등 다양한 요소가 더해져 자신에게 맞는 방법으로 진화합니다. 결국에는 자신만의 방법이 만들어집니다. 그것이 자신만의 오리지널입니다.

저는 그러한 흐름을 잘 알고 있습니다. 저는 다른 회사의 장점을 잽싸게 따라합니다. 타사의 서비스를 벤치마크해서 좋은 점을 흉내 내고 보완해서 결국 우리 회사만의 독특한 서비스로 탈바꿈시킵니다.

비즈니스는 오리지널리티보다 스피드가 중요합니다. 비즈니스의 궁극적인 목표는 매출 향상입니다. 좋은 서비스 시스템을 신속히 도입하여 고객에게 제공합니다. 고객이 그 서비스에 만족하면 매출이 향상됩니다. 고객의 요구를 충족시키려는데 0에서 시작해서 시간을 낭비한다는 것은 바보 같은 짓입니다.

누구의 것이든 좋은 점은 무조건 따라 합니다. 따라 하면서 자신에게 맞지 않는 부분은 고치고 다듬습니다. 그것을 클리어 하면 자신만의 오리지널이 됩니다. 자신만의 독특한 무언가를 만들려면 다른 사람의 훌륭한 점을 따라 합시다. '좋다'고 생각되면 즉시 따라합시다.

좋은 것은 열심히 따라하자.
즉시 따라 하자.
나라는 필터를 통하면 어느 순간
나만의 오리지널리티가 된다.

기획서는
신선도가 생명

아이디어를 실행하려면 기획서가 필요합니다. 아무리 매력적인 아이디어도 그 매력을 전달할 기획서가 없다면 아무도 관심을 보이지 않아 실현할 수 없습니다.

　기획서 작성은 중요합니다. 그러나 기획서 자체가 곧 매출로 직결되지는 않습니다. 기획서 작성은 목표를 달성하기 위한 프로세스의 일환에 불과합니다.

　멋지고 완벽한 기획서를 작성하는 것을 목표로 삼지 말아야 합니다. 기획서는 목표를 달성하기 위한 최초의 시안에 불과합니다. 기획의 매력을 최대한으로 보여주는 킬러 아이템만 넣어 빨리 만들어야 합니다. 거듭 강조하지만 완벽함을 목표로 하지 마십시오. 되도록 빨리 만드는 것이 더 중요합니다.

완벽을 목표로 하지 말라는 이유는 제아무리 완벽한 기획서도 실제로 일을 진행해보면 여기저기서 문제점이 발생하기 때문입니다. 문제 발생을 미연에 방지하려고 시간과 정성을 들여 기획서를 만들어도, 다소 차이가 있겠지만 문제가 발생합니다.

완벽한 업무가 없듯이 완벽한 기획서도 없습니다. 완벽한 기획서를 만들려고 시간과 정력을 낭비하지 말고 실행하면서 고쳐나가야 합니다. 이 방법이 훨씬 효율적이고 빠릅니다. 본래의 목표_{아이디어의 구체화=비즈니스 성공}를 망각하고 기획서를 작성하는 데 너무 많은 시간과 공을 들이면 안 됩니다.

그렇다면 '완벽하지는 않지만 좋은 기획서란 무엇일까?' '기획서를 빨리 만들려면 어떻게 해야 하나?'라는 의문이 생길 것입니다. 기획서에 필요한 내용은 기획의 목표와 실현 방법, 기존 방법_{상품}과의 차별화_{장점}, 성공 후의 효과입니다. 크게 보아 이 세 가지 요점을 간결하게 기술한 기획서는 기획서로서 요건을 갖추었다고 할 수 있습니다. 간결하고 강력하고 짧게 서술할 수 있으면 금상첨화입니다. 이러한 기획서가 바로, 완벽하지는 않지만 좋은 기획서, 빨리 만드는 기획서입니다.

단시간 내에 기획서를 만드는 비결은 간단하고 알기 쉽게 작성하는 것입니다. 기획서는 A4 1장이나 2장 정도의 분량이 적당

합니다. 이러한 요령으로 두세 번 정도 기획서를 만들어보면 자신만의 노하우가 생깁니다. 즉 자기 나름의 기획 양식이 만들어집니다. 프레젠테이션을 할 경우 종류에 따라 시장 규모와 경쟁 상대 같은 구체적인 데이터가 필요할 때도 있습니다. 그때는 그 상황에 맞춰 필요한 자료를 준비합니다.

　기획서 작성에서 가장 중요한 것은 기획서 작성에 소요되는 시간을 짧게 잡고 핵심만 기재하는 것입니다. 기획안도 신선도가 중요합니다. 좋은 아이디어도 너무 시간을 끌면 한물간 기획이 되고 맙니다. 이러면 아무리 좋은 아이디어라도 성공하기보다 실패할 확률이 큽니다. 일단 시도해본다는 가벼운 마음으로 기획서를 만듭시다.

기획서를 잘 만드는 것이
일의 목표가 아니다.
시간이 지나면 신선도가 떨어진다.
시간은 최대한 짧게,
내용은 핵심만 기재한다.

시각적 이미지를
사용하라

업무를 할 때는 항상 목표와의 최단거리를 생각해야 합니다. 사람들에게 무언가를 설명할 때, '전달'이라는 목표의 최단거리는 도표 활용입니다. 도표 활용이 전달 방법 중에서 가장 빠르고 효과적입니다.

요즘 직장인들은 회의나 미팅에서 프레젠테이션을 자주합니다. 프레젠테이션을 할 때, 문장과 말만으로 설명해도 참석자들이 잘 이해한다면 별 문제 없습니다. 그러나 실제로 프레젠테이션을 해보면 문장과 말만으로는 전달하고자 하는 내용을 효과적으로 설명하기 어렵습니다. 문장과 말로만 설명을 하면 참석자들이 잘 이해하지 못합니다.

사람의 감각은 눈시각이 90퍼센트라고 합니다. 세미나에 참석해보면 강사의 말보다 강사의 인상행동, 복장, 분위기이 더 기억에 남는다고 합니다. 이것은 시각적 이미지가 기억에 많이 남는다는 뜻입니다. 따라서 어떤 메시지를 잘 전달하려면 시각적 이미지를 활용해야 합니다. 도표 같은 시각적 이미지를 활용하면 이해가 빠르고 기억에 오래 남습니다.

저는 메모할 때 그림이나 도표를 자주 활용합니다. 낙서장, 수첩, 영수증 뒷면, 냅킨 등 주변에 있는 아무 종이에 생각나는 아이디어를 그림이나 도표로 그립니다. 복잡한 그림을 그리지 않아도 됩니다. 기호나 화살표 등 간단한 도형을 사용하면 충분합니다.

도표를 사용하면 자신의 아이디어를 일목요연하게 정리할 수 있습니다. 사람들에게 무언가를 설명할 때 도표를 사용하면 이해하기 쉽습니다. 기획서, 보고서, 프레젠테이션 자료 등의 업무에 도표를 활용하면 효과적입니다. 트리형, 그래프형, 매트릭스형 등 몇 개의 패턴을 만들어 활용하면 더욱 효과적입니다.

저는 디자이너와 회의를 하면서 "이런 느낌으로 해주세요" 하며 종이에 그림을 그려 설명합니다. 말로 설명하기보다 그림으로 그리면 저의 의도를 가장 정확하게 전달할 수 있습니다. 그 과정을 생략하면 저의 요구와 다른 디자인이 나올지도 모릅니다. 엉

뚱한 디자인 시안이 나오면 그것을 수정하는 데 드는 시간과 노력 즉, 비용이 발생합니다. 서툰 솜씨라도 그림이나 도표를 그려서 설명하는 편이 더 정확하게 의사를 전달하고 실수를 줄이는 요령입니다.

저는 어지간한 일은 도표로 그립니다. 도표로 그리기 전까지는 생각이 명확해지지 않습니다. 그런데도 부족한 부분이 없다는 생각이 듭니다. 그러나 막상 도표로 그려보면 생각이 명확해지고 동시에 부족한 부분이 속속 눈에 띕니다. 도표 활용은 매우 중요합니다. 도표를 사용하면 한눈에 모든 것을 알 수 있어 "여기를 이렇게 하자" "이것은 이렇게 하자"라는 의견이 속출합니다.

자신의 의도를 가장
정확하게 전달하는 수단이
그래프와 그림, 도표다.
시각적 효과를 잘 이용할 수 있도록
몇 개의 패턴을 만들어 놓는다.

SNS로
새로운 세상을 만나라

즉시 실행하는 사람은 '유행'과 '실용'에 민감합니다. 요즘에는 트위터가 크게 유행하고 있습니다. 한편으로는 트위터를 보고 "왜 하는지 모르겠어"라고 말하는 사람도 있습니다. 트위터를 하지 않는 사람이 의외로 많습니다.

제가 소셜네트워크서비스^{SNS} 개발회사에 관여할 때 알던 지인이 저에게 "올해는 틀림없이 트위터가 유행합니다. 지금부터 트위터를 하는 것이 좋겠습니다"라는 내용으로 이메일을 보내왔습니다. 저는 '이것은 해야겠다!'라는 생각에 트위터를 하게 되었습니다.

지금은 그때 트위터를 시작하길 잘했다고 생각합니다. 트위터를 시작하지 않았다면 SNS의 장점을 몰랐을 것입니다. 트위터를 시작한 뒤 신문, 뉴스, 인터넷에서 얻을 수 있는 정보와 다른 관점의 정보를 알게 되었습니다.

트위터에는 다양한 의견이 올라옵니다. 많은 사람의 다양한 글을 읽으면 재미도 재미지만 신선한 자극을 받습니다. 제가 글을 올리면 다른 사람의 반응이나 의견이 올라옵니다. 그 사람들의 의견은 저에게 좋은 참고가 됩니다. 그래서 저는 적극적으로 트위터에 글을 올립니다.

지인의 소개로 트위터를 시작한 뒤 반 년 뒤에는 팔로어도 많이 두게 되었습니다. 지금은 팔로어들과 서로 의견을 교환하며 좋은 정보를 공유합니다. 트위터나 페이스북 등 다양한 SNS를 이용하면 인맥이 넓어지고 다양한 정보를 입수할 수 있습니다. "왜 하지?" 하고 이유를 생각하지 말고 새로운 것이 있으면 호기심을 가지고 일단 시도해봅시다. 새로운 세상을 만나면 시야가 넓어집니다.

새로운 세상을 만나야
시야가 넓어지고 관계가 깊어진다.
SNS가 답이다.

인적 네트워크가 많으면 일이 빨라진다

저는 모르는 것이 있으면 그것을 잘 아는 사람에게 이메일을 보내거나 전화를 해서 물어봅니다. 다른 회사와 제휴하고 싶을 때나 누군가의 도움이 필요할 때는 저의 인적 네트워크를 활용하여 지인에게 소개를 받습니다. 제가 4년 전에 설립한 회사 매출의 대부분은 제 개인적인 네트워크를 활용해서 계약했습니다. 이 점을 보면 인간관계가 얼마나 중요한지 알 수 있습니다.

소개받는 것만이 아니고 소개를 해주는 경우도 자주 있습니다. 어떤 사람에게서 "아는 출판사 있습니까?"라는 질문을 받으면 제가 아는 출판사를 소개해줍니다. 저의 소개로 지금까지 5명의 지인이 책을 냈습니다. 그들이 직접 출판사와 접촉했다면 출간을 하지 못했을지도 모릅니다.

인적 네트워크를 이용한 '소개'라는 프로세스를 경유함으로써 어려움을 해결한 케이스가 많습니다. 소개는 매우 효과적인 업무해결 방법입니다. '아는 사람에게 물어보는 것이 가장 빠르다' '아는 사람에게 소개받는 것이 가장 빠르다'라는 생각은 지극히 실용적이고 현실적입니다. 주변사람을 적절히 이용합니다. 이용한다고 해서 다 나쁜 것이 아닙니다. 나쁜 쪽으로 이용해서 피해를 입히자는 것이 아니고 좋은 쪽으로 이용해서 서로 발전하자는 것입니다.

저는 회사 외부에 인적 네트워크를 만들려고 노력합니다. '기브 앤드 테이크'의 관계가 아니고 친구 같은 관계를 목표로 인적 네트워크를 만듭니다. 친구는 이해관계를 따지지 않고 도와줍니다. 친구 같은 사이에서는 스스럼없이 도와주고 도움을 청할 수 있습니다.

친구 같은 사외 네트워크를 만들려면 어떻게 해야 할까요? 남자인 저는 술자리를 많이 만듭니다. 이해관계가 있고 없음을 떠나 간단한 술자리를 만듭니다. 어떤 사람과 인연을 맺어도, 가능하면 빠른 시간 안에 "술 한 잔 합시다" 하고 제안합니다. 사람은 누구나 처음 만난 사람과는 서먹서먹합니다. 그러나 함께 술을 마시며 공통의 화제로 대화를 풀어가면 금방 친해집니다.

저는 술을 많이 마시지 못하지만 새로운 사람이 참석하는 술자리는 거의 빠지지 않습니다.

상대방이 술을 마시지 않는다면 식사도 좋습니다. 식사를 하는 데 보통 한 시간 정도 걸리므로 상대방과 친해지기에는 시간이 조금 모자랍니다. 식사 후 커피를 한 잔 마시며 충분한 시간 동안 대화를 나누면 더 좋습니다.

되도록 많은 사람과 친교를 맺으려면 SNS 같은 네트워크 커뮤니케이션을 활용하면 효과적입니다. 요즘 유행하는 트위터나 페이스북도 좋지만 동호회나 스터디 모임도 좋습니다. '번개' 모임이나 정기모임이 있으면 적극적으로 참가해서 교제 범위를 넓힙니다. 새로운 인맥은 이렇게 만드는 것입니다.

요즈음 사람들은 낯선 사람과의 교류를 멀리하는 경향이 강해 점점 폐쇄적으로 되기 쉽습니다. 이러한 경향은 나이를 먹을수록 점점 더 심해집니다. 그래서는 안 됩니다. 극단적인 표현이지만 적극적으로 새로운 사람을 사귀어 좋은 친구가 많아지면 세상살이 걱정 따위는 안 해도 됩니다. 내가 힘들 때 누군가 도와주는 사람이 생기기 때문입니다.

새롭게 만난 사람을 친구로 만드는 방법은 간단합니다. 먼저 베푼다는 생각을 하면 됩니다. 서로 도울 수 있는 관계를 만들려면 먼저 베풀어야 합니다. 저는 제가 할 수 있는 일은 무엇이든 해준다는 마음가짐으로 사람을 만납니다. 먼저 베풀려고 노력합니다. 보답은 바라지 않습니다. 계산속도 없습니다. 저도 다른 사람의 도움이 필요하면 스스럼없이 도움을 청합니다. 그러나 도움을 받으려고 일부러 베풀지는 않습니다. 남을 도와주고 나면 그저 기분이 좋아집니다. 저는 그것이면 충분히 보상받았다고 생각합니다.

새로운 사람들을 만나다보면 교제의 폭이 넓어집니다. 한번 인적 네트워크가 만들어지면 그 네트워크가 커지는 것은 순식간입니다. 인적 네트워크는 사회생활에 큰 도움이 됩니다. 인적 네트워크를 만들려면 본인이 게을러서는 안 됩니다. 능동적이고 적극적으로 사외 네트워크를 만듭시다.

아는 사람에게 물어 보고
아는 사람을 소개 받는 것이 가장 빠르다.
인적 네트워크를 다양하게 만들어라.

인맥은
자신의 인격이고 자산

생각 즉시 행동하는 사람이 되고 싶다면 다양한 모임을 주최하십시오. 아침 조찬회, 저녁 모임, 운동 모임, 취미 모임 등 어느 쪽이든 좋습니다.

모임을 개최하면 얻는 것이 많습니다. 모임을 추진하려면 모임의 취지에 맞는 사람을 모으고, 참가자들의 사정에 맞춰 시간과 장소를 정해야 합니다. 하나의 모임을 주최하려면 모든 것을 총괄해야 하므로 행동력과 리더십 등 여러 가지 자질이 생깁니다.

모임의 개최자가 되는 것은 그리 어렵지 않습니다. 자신이 모임을 가지자고 제안하고 흥미를 보이는 사람들에게 "제가 주관하겠습니다"라고 말하면 됩니다. 개최자는 조정 역할을 하는 사람입니다. 개최자가 가장 지위가 높은 사람, 가장 재미있는 사람일 필요는 없습니다. 참석자를 재미있게 하려면 재미있는 사람을 데려오면 됩니다. 좋은 장소를 모른다면 좋은 장소를 아는 사람에게 부탁하면 됩니다. 참석자를 모으는 일도 동료와 함께하면 됩니다.

개최자가 가장 신경 써야 할 일은 참석자에 대한 배려입니다. 베스트셀러『좋은 결과를 내는 사람의 노트에는 무엇이 적혀 있나』의 저자인 미사키 에이치로美崎榮一가 주최한 조찬 모임에 참가했을 때의 일입니다.

이 조찬회는 아침식사를 하면서 비즈니스서의 저자에게 배우며 아침 공부를 하는 모임입니다. 제가 참석했을 때는 30명 정도의 참가자가 있었습니다. 저자의 강연을 들은 뒤, 저자가 한 테이블에 앉고 4명씩 팀을 짜서 자리를 이동하며 순서에 따라 토론을 했습니다.

대부분의 참가자는 회사원이었습니다. 그들은 출근시간에 맞춰 돌아가야 합니다. 시간제한이 있어 전원이 골고루 저자와 직접 토론하려면 시간 분배가 중요합니다. 주최자이자 저자인 미사키 씨는 시계를 보며 참가자 전원이 저자와 직접 대화할 수 있게 정해진 시간에 맞춰 참석자를 이동시켰습니다. 시간이 모자라서 어떤 사람은 저자와 대화하지 못하는 경우를 피하려고 배려했습니다. 시간을 내어 참석했는데, 저자와의 대화에 소외된다면 별 의미가 없습니다. 그러면 다음 모임에는 참석하고 싶지 않습니다. 이런 배려가 있기 때문에 이 조찬 모임은 항상 성황입니다. 이 모임의 주최자인 미사키 씨는 참가자들의 호응을 얻어 상당한 규모의 인맥을 만들 수 있었습니다.

동호회 모임도 좋고 공부 모임도 좋습니다. 아침 모임도 좋고 저녁 모임도 좋습니다. 모임의 성격에 맞춰 전문가나 강사를 초빙해도 좋습니다. 공통의 화제를 가지고 서로 대화할 수 있는 모임이면 됩니다. 참가자 전원이 참여할 수 있게 골고루 배려합니다.

아침 모임은 시간이 빠듯하므로 시간 분배를 잘해야 합니다. 저녁 모임은 너무 길어지지 않게 신경을 써야 합니다. 모임을 주최하면 많은 사람들과 알게 됩니다. 엄청난 인맥을 만들 수 있습니다. 실행력과 리더십도 생깁니다.

인맥이 커지면 의문점을 해결해주는 사람이 생기고 어려운 일을 부탁할 수 있는 사람이 생깁니다. 어떤 업무든 남보다 빠르고 정확하게 해결할 수 있습니다. 인맥은 무엇과도 바꿀 수 없습니다. 모임을 주최하면 많은 것을 얻을 수 있습니다.

인맥은 자신이 살아온
삶의 결과이고 자산이다.
많은 모임을 만들고 참여하여
리더가 되어 보자.
리더십과 행동력이 놀랍게 발전한다.

휴식 없이
일 없다

제가 즉시 실행하는 사람이 되라고 하면 "뭐가 그렇게 급해, 누가 뒤에서 쫓아오나?"라고 놀리는 사람이 있습니다. 이 책을 읽는 여러분은 제가 마치 엄청난 양의 일을 한다는 생각이 들지도 모릅니다. 물론 일처리가 빠르므로 다른 사람보다 많은 일을 할 것입니다. 그러나 저도 빈둥대는 시간이 있습니다. 주말에는 푹 쉽니다. 휴일마저도 쉬지 않고 일하면 몸과 마음이 견디지 못합니다.

저는 마지못해 일하던 샐러리맨 시절에는 주말이면 술을 마시며 밤늦게까지 놀았습니다. 그래서 월요일이 되면 매우 피곤했습니다. 월요일부터 서서히 몸 상태가 좋아져서 금요일이 되면 완전히 회복했습니다. 그리고 다시 금요일이 되면 컨디션이 최고조에 달해 정신없이 놀았습니다. 지금 생각하면 터무니없는 생활 사이클이었습니다.

이렇게 생활하면 정신이 맑지 않아 일처리에 실수가 난무하고 몸이 피곤해서 매사에 활력이 없습니다. 부실한 직원으로 찍히기 십상입니다.

과거의 저는 주말에 술 먹고 놀기 위해 직장을 다녔다고 해도 과언이 아닙니다. 직장상사에게 "주말에는 푹 쉬고 한주간의 피로를 풀어서 월요일부터 열심히 일하는 것이 직장인의 바른 자세인데 대체 너는 뭐하는 사람이야?"라는 야단을 자주 맞았습니다. 저는 직장상사에게 야단을 맞아도 반성하지 않았습니다. 한마디로 아무 생각 없는 사람이었습니다.

그런데 독립한 뒤에는 놀면서 적당히 일할 수 없었습니다. 열심히 일하지 않으면 먹고살 수 없었기 때문입니다. 일의 호불호 따윈 관계없었습니다. 위기감이 엄습했습니다. 불량한 생활 사이클은 한순간에 사라졌습니다. 주말도 없이 일하기 시작했습니다.

일 년 정도는 잔업과 주말 출근이 당연한 생활을 했습니다. 잔업과 주말 출근을 예사로 하다 보니 시간 낭비가 심해지는 것을 느꼈습니다. 시간이 충분하다는 생각에 어영부영 시간을 보내게 되었습니다. 오늘 일을 끝내지 못하면 휴일에 하면 된다고 생각해서 일을 하는 긴장감이 사라졌습니다. 주중에 장시간 일을 했지만 결과는 고만고만하고 일에 효율이 오르지 않았습니다.

외출할 시간이 없어 사람들과의 만남도 줄었습니다. 창업 초기에는 일에만 매달려 깨닫지 못했지만 사람들과 만날 기회가 없어지자 생각이 편협해졌습니다. 다른 사람들과 교류가 없어서 배우고 자극을 받을 기회도 사라졌습니다. 인맥도 풍부하게 형성하지 못했습니다. 그런 상태가 계속되었다면, 제가 지금 두 개의 회사를 경영하거나 원고를 집필하는 생활을 할 수 없었을 것입니다.

지금 저는 업무시간에 모든 힘을 기울여 일하고 저녁시간에는 사람들과 만나 대화를 나누며 정보를 교환합니다. 좋은 자극을 받으며 새로운 아이디어를 생각합니다. 주말에는 가족과 푹 쉬며 힘을 축적합니다. 일할 때 집중하고 쉴 때는 마음껏 쉽니다. 집중과 선택의 균형을 이룹니다. 생활 리듬을 조절하면 모든 일이 순조롭게 풀립니다.

저는 주말 모임을 기본적으로 거절합니다. 모임의 참석을 거절하면 좋은 기회를 놓칠지도 모르지만 저와 가족을 위해 그 기회를 포기합니다. 주말 모임에 참석하면 가족과 함께 보낼 시간이 줄어듭니다. 주말에 푹 쉬지 못해 다음 주 업무에 차질이 생깁니다.

아침에 일찍 일어나는 사람은 밤늦게까지 술을 마시지 않습니다. 밤늦게까지 놀면 즐겁지만 자신을 위해 절제할 줄 알아야 합니다. 현명한 사람은 술을 먹더라도 적당한 시간과 선에서 중단합니다. 밤늦게까지 술 마시고, 정신력으로 일어나 출근하면 심신이 피곤해서 일을 제대로 할 수 없습니다. 몸에 만성적으로 피로가 쌓이고 건강을 해칩니다. 우리 몸은 강철이 아닙니다.

일 때문에 밤늦게까지 접대해야 하는 경우에는, 시간이야 어쩔 수 없지만 술은 자제해야 합니다. 술이 많이 취하면 거래처 사람에게 실수를 할 수 있고 다음 날 업무에도 영향을 미칩니다.

하나를 얻으려면 하나를 포기해야 합니다. 필요 없는 것을 줄이고 필요한 것만 하려고 노력합시다. 일할 때 집중해서 일하고 쉴 때 푹 쉽시다.

휴일에는 일하지 않는다.
일찍 자고 일찍 일어난다.
너무나 간단하고 쉬운 습관이다!
그러나 결코 쉽지 않다.
잘 쉬어야 일이 즐겁다.

| 맺음말 |

생각과 행동 사이를 좁히면 인생이 달라진다

이 책을 읽어주신 독자 여러분, 감사합니다. 저는 이 책을 쓰면서 행동하는 속도가 더욱 빨라졌습니다. 책을 쓰면서 즉시 실행할수록 일이 잘 진행되는 것을 실감했습니다. 제가 경영하는 회사의 직원이 업무를 머뭇거리지 않고 빨리 처리해서 고객에게 칭찬을 받거나 감사의 말을 들으면 저는 무척 행복했습니다. 저는 매사에 생각과 행동 사이가 좁혀진 습관의 힘을 느낍니다.

업무를 즉시 실행하면 당신의 삶이 송두리째 바뀔 것입니다. 허풍을 떤다고 생각할지 모르지만 성공한 사람들의 비결은 '즉시 실행' 오직 하나입니다. 대기업 창업자들이 입버릇처럼 하는 말이 무엇인지 아십니까? "해봤어?" "즉시 해!"입니다. 입으로 떠들지 말고 생각 즉시 행동으로 옮기라는 의미입니다. 이 책에 실린 대로 실천하면 생각과 행동 사이를 좁히는 습관이 당신의 생활에 얼마나 큰 영향을 미치는지 체험할 수 있습니다.

저는 이 책이 당신의 삶과 일에 활력을 불어넣을 것이라고 확신합니다. 이 책을 읽은 지금부터 어떤 일이든지 즉시 실행해 보십시오. 단언컨대 인생이 달라집니다. 여러분의 건투를 빕니다.

도요다 게이치

생각과 행동 사이

1판 1쇄	펴낸날	2013년 1월 25일
1판 2쇄	펴낸날	2013년 2월 5일

지은이　도요다 게이치
옮긴이　고경문

펴낸이　하연수
펴낸곳　기획출판 거름

출판등록　제7-11호(1979년 6월 28일)
　　　　　121-820 서울시 마포구 망원동 338-78 정하빌딩 2층

이메일　keorum1@naver.com
Tel　(02)333-2121 ｜ Fax.　(02)333-7877

ISBN　978-89-340-0398-4　13320

* 책값은 뒤표지에 있습니다.
* 잘못 만들어진 책은 구입하신 곳에서 바꾸어 드립니다.
* 이 책은 저작권법에 따라 보호받는 저작물이므로 무단 전재와 무단 복제를 금합니다.